Die Depression überleben

Kathryn James Hermes

Die Depression überleben

Eine katholische Annäherung

Aus dem Amerikanischen übersetzt
von Claudia Otte-Lindner

Parvis-Verlag
CH-1648 Hauteville/Schweiz

VON DERSELBEN AUTORIN:
«Die Depression überleben – Gebete», Parvis-Verlag, 2007

Englischer Originaltitel:
«Surviving Depression. A Catholic Approach»

PARVIS-VERLAG
Route de l'Eglise 71
CH-1648 HAUTEVILLE / SCHWEIZ

Telefon: ++41 (0)26 915 93 93 Fax: ++41 (0)26 915 93 99
Internet: www.parvis.ch E-mail: buchhandlung@parvis.ch

Gedruckt in der Schweiz.

ISBN 9782880228125

Ich danke allen,
die mir ihre Geschichte
anvertraut haben.

Einführung

Die Depression hat viele Gesichter

Wenn Sie dieses Buch in die Hand genommen haben, dann fragen Sie sich höchstwahrscheinlich, ob Sie oder jemand aus Ihrer Bekanntschaft die Krankheit der Depression überhaupt «überleben» können. Vielleicht klammern Sie sich an einen weiteren Hoffnungsschimmer, dass Ihre oder jemand anderes Depression weggenommen werden möge. Es wird geschätzt, dass 35 bis 40 Millionen heute lebender Amerikaner zu einem Zeitpunkt in ihrem Leben an einer größeren Depression leiden werden und ungefähr die Hälfte von ihnen an Symptomen wiederkehrender Depression leiden wird. Trotz der hohen Anzahl von Menschen, die depressiv waren, depressiv sind oder jemanden kennen, der depressiv ist, besteht ein erstaunlicher Mangel an Kenntnis der Depression.

Ich bin keine Psychologin. Ich bin keine Theologin. Mein Anspruch auf Glaubwürdigkeit beim Schreiben dieses Buches besteht darin, dass ich ernsthaft depressiv war. Ich habe viel Zeit damit verbracht, während meiner Depressionsphasen mit Gott zu kämpfen. Ich kenne die Depression von innen her. Ich kenne die geistigen Ängste, die sie mit sich bringt. Ich kenne die Einsamkeit, die Isolierung, die Angst, «alles zu verlieren», und ich glaube, dass man Depression nicht dadurch wahrhaft versteht, dass man sie untersucht oder darüber liest, sondern indem man mit ihr lebt.

Im Juni des Jahres 1985 wurde ich im St. Elisabeth Krankenhaus in Brighton, Massachusetts, für eine einfache ambulante Operation aufgenommen. Ich ging in die Operation als gesunde, starke Frau von einundzwanzig Jahren, redegewandt und voller Pläne. Ich verließ den Aufwachraum mit irgendetwas Furchtbarem, Verkehrtem. Vier Tage später teilte man mir mit, dass ich einen Schlaganfall gehabt hatte. Ich war rechtsseitig gelähmt. Ich konnte nicht aufstehen. Ich hatte keinerlei Kraft. Ich hatte viel von meinem Erinnerungsvermögen verloren. Ich beherrschte nicht einmal mehr den grundlegenden Wortschatz. Nach zwei Wochen und vielen weiteren Tests wurde ich aus dem Krankenhaus entlassen und es begann ein langer Weg der Rehabilitation.

Obwohl ich in den ersten Jahren einen Großteil meiner Kraft und meines Koordinationsvermögens wiedererlangte, schien ich in den folgenden zwölf Jahren doch nicht fähig zu sein, meine emotionale Stabilität zurück zu gewinnen. Rasch fand ich mich in einem manisch-depressiven Kreislauf wieder, der ständig ausgeprägter wurde. Heftige Stimmungsschwankungen stießen mich von hell leuchtenden Zeiten unglaublicher Aktivität in schwarze Nächte lähmender Depression. Erst zwölf Jahre nach meinem Schlaganfall wurde bei mir die Temporallappenepilepsie (TLE) diagnostiziert, eine organische Erkrankung. Das brachte einen neuen Kreislauf von Depressionen mit sich, da ich anfing, mit einem neuen «Etikett» zu leben.

Gott hat viele Gesichter

Ich kann mich klar daran erinnern, dass ich während dieser ersten Wochen nach dem Schlaganfall dachte: Gott hat mir diesen Schlaganfall gegeben, und ich werde ihn mit seiner Gnade annehmen. Dies ist der Wille Gottes, und Gott hat sicher einen Grund dafür. Und ich akzeptierte ihn im Frieden ... dachte ich zumindest. Ich brauchte sechs Jahre, um zu erkennen, wie wütend ich war — wütend auf Gott, wütend auf jeden in meiner Umgebung, wütend auf die Welt. Zu dieser Zeit begann ich mit regelmäßiger geistiger Führung. Je mehr ich mitteilte, was in meinem Herzen war, umso wütender wurde ich und umso weiter schien Gott von mir entfernt. Ich konnte nicht verstehen, welchen Sinn das Kreuz haben könnte. Ein Jahr lang war ich unfähig, zu glauben, dass es Gott überhaupt gab. In diesem geistigen «Blackout» las ich wieder und wieder den zweiten Teil des Buches Jesaja, obwohl die Worte wie Sandpapier für mein Herz waren:

> *Du Ärmste, vom Sturm Gepeitschte, die ohne Trost ist, sieh her: Ich selbst lege dir ein Fundament aus Malachit und Grundmauern aus Saphir.*
> *Aus Rubinen mache ich deine Zinnen, aus Beryll deine Tore und alle deine Mauern aus kostbaren Steinen. (Jes 54,11-12)*

Stetig kamen und gingen die Depressionen, Verwirrung und Verzweiflung trübten meine Einsicht, und ich rang mit Gott und versuchte, nur diese eine Frage zu verstehen: *Warum ich?!* Ich erhielt niemals eine Antwort auf diese Frage, bekam niemals einen Fingerzeig, wie ich den Sinn meines Leidens zu verstehen hätte. Und dennoch war ich Schritt für Schritt — mit *sehr kleinen* Schritten — in der Lage zu erkennen, dass diese

Frage nicht mehr ausschlaggebend für mich war. Ich benötigte keine Antwort. Ich konnte mit dem Unerklärlichen leben.

Die Depression verschont niemanden. Christen werden genauso depressiv wie jeder andere auch; Priester und gläubige Männer und Frauen leiden an Depression. Teenager in der Blüte jugendlicher Träume werden depressiv. Sogar Kinder können depressiv werden. Man könnte meinen, dass Leute, die gläubig sind oder eine gesicherte Zukunft vor sich haben, keinen Grund hätten, depressiv zu werden. Sie sollten eigentlich in der Lage sein, sich durch Gebet, Träume oder ihren Willen aus der Depression zu befreien. Es ist auch schwierig, sich damit auszusöhnen, dass viele immer noch irrtümlicherweise denken, der Glaube an Gottes Macht wäre in diesen Fällen zu schwach. Ich glaube, dass die Depression einfach ein Ausdruck unserer menschlichen Zerbrechlichkeit und Verwundbarkeit ist. Ironischerweise ist diese schwarze Leere oft die Quelle einer enormen Kreativität, die schwarze Nacht, die leise das Herannahen des Göttlichen ankündigt.

In dieses Buch sind die einzigartigen Erfahrungen vieler Personen mit der Depression eingeflossen. Beim Lesen dieser Seiten kann es sein, dass Sie charakteristische Merkmale oder einzelne Punkte finden, die genau auf Sie zutreffen, die zu Ihren eigenen Erfahrungen passen. Menschen, die an Depressionen gelitten haben, können so viel von den jeweiligen Geschichten lernen. Dennoch wird nicht jede der hier berichteten Erfahrungen ganz mit Ihrer eigenen Erfahrung übereinstimmen. Vielleicht fühlen Sie sich mehr deprimiert oder auch weniger deprimiert als die Leute in den Geschichten, die ich eingefügt habe. Vielleicht haben Sie die Erfahrungen mit den hier geschilderten Symptomen gemacht oder vielleicht haben Sie sie auch nicht gemacht. Seien Sie sich deshalb bewusst, dass plötzliche Einsichten oder das Wiedererkennen eine sorgfältige Diagnose nicht ersetzen. Dieses Buch ist nicht zur Selbstdiagnose gedacht und richtet sich nicht nach den ernsten Bedürfnissen derer, die an schweren oder psychotischen Formen von Depressionen oder manisch-depressiven Störungen leiden. Es soll Ihnen vielmehr ein Begleiter sein, wenn Sie — oder ein Freund von Ihnen — mit den dunklen Phasen des Lebens ringen. Vieles in unserer katholischen Tradition und Spiritualität kann Kraft und Trost bieten und ein großes Verständnis für diesen Kampf. Diese Texte werden Sie in diesen Reichtum einführen. Sie werden Sie dabei begleiten, wenn Sie Gott auf diesem Abschnitt Ihrer Lebensreise auf neuen Wegen finden werden.

Oh, mein Herz ein für allemal losreißen,
es aus meiner Brust herausreißen
und zu den Sternen hochwerfen…
Dieses Herz, so dunkel und voll Traurigkeit —
Dieses Herz, so voll entfremdender Schmerzen —
Dieses Herz, allein gegen so viele Gefühle —
verführt von Träumen und Einbildungen —
verlassen von Hoffnung und zärtlichen Worten.
So wurde es allmählich zu einem Herzen aus Stein…
Und nun dieses Beben —
Dieser Drang auszubrechen …
Aufzusteigen zum Himmel und zur Freiheit.
Und wo werde ich sein,
wenn du plötzlich zum Flug abhebst
Wirst du mich mit dir nehmen
auf deinen perlenen Schwingen?

Schwester Thomas Halpin, FSP
24. April 1994

I. Wie sieht eine Depression aus?

«Ich möchte nicht, dass irgendjemand erfährt, dass es mir so schlecht geht, aber manchmal möchte ich noch nicht einmal aus dem Bett aufstehen.»

Cheyanne

«Als ich depressiv war, fühlte ich mich nicht als Person, sondern empfand mich als Last. Die Dunkelheit verschlang und erstickte alles. Einige wenige «wahre» Freunde, die mich kannten und liebten, warfen Rettungsleinen aus, die ich ergreifen konnte. Ich betete immer noch, obwohl es nutzlos erschien, aber eines Tages schrie durch das Chaos und die Düsterkeit die Botschaft Jesu, dass auch er die gleiche Dunkelheit am Kreuz erfahren hatte. Diese seine letzten Augenblicke waren eigentlich die tiefste Dunkelheit für ihn, in dem Gefühl, dass sogar sein Vater ihn ablehnte. Sosehr ich mich auch bemühte, konnte ich in dieser Eingebung kein Leben finden. Ich konnte nicht daran glauben, dass seine Situation etwas mit meiner zu tun haben könnte. Ich vertraute dies einer Freundin an. Ihre Antwort war eine dieser besagten Rettungsleinen für mich: "Nun, wenn du jetzt nicht daran glauben kannst, dann lass mich für dich daran glauben. Setze dein Vertrauen in meinen Glauben daran, dass es wahr ist."»

Anne

«Die Depression war ein wirbelndes schwarzes Loch, das mich aufsog, bis ich bis weit über den Kopf darin steckte und am Ertrinken war», teilte ein Freund mir mit. «Der Kraftaufwand, um dagegen anzukämpfen, war enorm groß, und manchmal ließ ich es einfach die Überhand gewinnen. Ich war so erschöpft.» Jeder, der an Depressionen gelitten hat, hat seine eigenen Bilder von dem Lebensabschnitt, der von dieser Krankheit dominiert war. Eine Depression ist ein behandlungsbedürftiger Zustand, der von Panikattacken, Angstzuständen, Traurigkeit, Selbstmordgedanken, von Hoffnungs- und Hilflosigkeit begleitet sein kann und von dem unbestimmten Gefühl, überwältigt zu werden.

Die Depression spielt Versteck mit ihren Opfern. Diejenigen, die der depressiven Person am nächsten stehen, sehen es oft zuerst. Zum Beispiel bemerken sie eine gewisse Teilnahmslosigkeit bei ihrem Freund, oder sie sind überrascht von einem uncharakteristischen Zeigen von Angst. Es kann sein, dass Freunde und Familienmitglieder die überhand nehmende Traurigkeit und das negative Denken des Leidenden allmählich satt bekommen.

Die Depression trägt gewöhnlich das Stigma des Versagens. Der Hinweis durch andere, dass man vielleicht in einer Depression stecken könnte, wird oft als eine «Anschuldigung» wahrgenommen, als eine Aussage über die innere Charakterschwäche. «Ich bin nicht depressiv, ich bin nur niedergeschlagen», sagt eine depressive Person und kneift dabei meistens die Lippen zusammen: «Ich habe keinen Grund, depressiv zu sein. Wie könnte ich eine Depression haben?» Eine Person, die an einer Depression leidet, kann tatsächlich glauben, dass sie nicht depressiv ist. Es bleibt ihr in den allermeisten Fällen verborgen.

Woher weiß ich, ob ich eine Depression habe?

Es gibt viele verschiedene «Grade» von Depression. Einen Moralischen haben, vorübergehendes Unwohlsein oder die Traurigkeit, die einen Kummer begleitet, können zeitweise unsere normalen Lebensumstände unterbrechen. Wenn der Stimmungsumschwung jedoch das Ereignis, das die «Launenhaftigkeit» ausgelöst hat, überdauert, dann kann er zu einer ernsthaften Belastung für das gesunde Gefühlsleben werden. Wenn die depressive Stimmung fortbesteht und das Interesse am Leben immer geringer wird, hat man dann die besten Chancen, sein Leben wieder aufzunehmen, wenn man von jemand anderem auf ernsthafte Weise Aufmerksamkeit für sein psychisches und gefühlsmäßiges Leben geschenkt bekommt.

Aber manchmal ist es schwierig zu sagen, ob das, was man fühlt, tatsächlich eine Depression ist. Im Laufe der Jahre habe ich Bücher über Depression in die Hand genommen und dabei insgeheim gedacht: Vielleicht überzeugt mich dieses Buch davon, dass ich wirklich eine Depression habe. Dann weiß ich wenigstens, dass ich nicht verrückt bin … Andere Male wollte ich keine Information, weil ich hoffte, dass die dunklen Gefühle in meinem Inneren lange genug aus meinem Blickfeld verschwinden würden, dass ich mir weismachen könnte, dass alles wieder in Ordnung kommen würde. An manchen Tagen wünschte ich mir, in der Lage zu sein, die fürchterlichen Gefühle in meinem Inneren benennen und verstehen zu können. An manchen Tagen hingegen wünschte ich mir, mich selbst glauben zu machen, sie seien nicht da.

Menschen, die an einer Depression leiden, pendeln oft hin und her zwischen der Gewissheit, dass sie depressiv sind, und der Gewissheit, dass sie nicht depressiv sind; zwischen dem

Wunsch, die Wahrheit zu erfahren und dem Wunsch, sie nicht zu erfahren.

Woher wissen Sie, dass das, was Sie fühlen, eine Depression ist? Erst einmal können Sie sich folgende Fragen stellen:

- Bin ich launenhaft geworden oder habe ich den Großteil des Tages eine merklich stark melancholische Stimmung und das jeden Tag?
- Habe ich das Interesse an Menschen und Tätigkeiten verloren?
- Habe ich in der näheren Vergangenheit merklich an Gewicht zugenommen oder verloren?
- Habe ich Schwierigkeiten beim Einschlafen oder wache ich unerträglich früh auf?
- Sehe ich, dass mein ganzes Denken sich darauf konzentriert, wie ich den bevorstehenden Tag überlebe oder darauf, was mit mir nicht in Ordnung ist?
- Fühle ich mich den ganzen Tag lang müde?
- Habe ich keine Lust, irgendetwas zu tun?
- Habe ich wenig oder keine Energie?
- Brauche ich Drogen, Alkohol, Pornographie, Sex oder irgendeine andere Sucht, um den Umgang mit der Wirklichkeit zu vermeiden oder um vor meinen Gefühlen davonzulaufen?
- Habe ich Probleme mit der Konzentration?
- Sehe ich nur Schlechtes, wenn ich mich selber anschaue?
- Habe ich immer wiederkehrende Gedanken an den Tod und an Selbstmord?
- Fühle ich mich ungewöhnlich unruhig?
- Weine ich viel?

Woher kommt die Depression?

Für einen großen Prozentsatz der Fälle von Depression sind biologische Gründe verantwortlich. Emotionale Stabilität ist eng verbunden mit der normalen Ausbildung und dem Funktionieren einer Reihe von lebensnotwendigen chemischen Stoffen, die es im Gehirn gibt und die Neurotransmitter genannt werden. Neurotransmitter sind die chemischen Boten, die es den Nervenzellen (Neuronen) ermöglichen, zu kommunizieren. Neurotransmitter werden in die Lücken zwischen den Nervenzellen hinein freigesetzt, um den Botschaften der Nerven zu helfen, von einer Zelle zur nächsten zu fließen. Die unzureichende Produktion von Neurotransmittern bedeutet, dass die Botschaften der Nerven, die entscheidend sind für die Anregung von bestimmten Bereichen des Gehirns, nicht vermittelt werden. Veränderungen in der Neurotransmission in den Bereichen des Gehirns, die die Stimmung und die Gefühle regeln, können zu einer Depression führen. Bestimmte Krankheiten können eine Depression verursachen, indem sie die Produktion von Neurotransmittern beeinträchtigen. Erkrankungen des zentralen Nervensystems ebenso wie Infektionskrankheiten, Erkrankungen des Immunsystems und mangelhafte Ernährung können die chemischen Abläufe im Gehirn beeinträchtigen. Ein Ungleichgewicht verschiedener Hormone kann eine Depression hervorrufen. Die Depression kann Frauen während der Wechseljahre lahm legen. Auch genetische Faktoren können Ursache sein für eine Depression. Neuere Untersuchungen haben gezeigt, dass Personen mit der Kurzversion eines bestimmten Genes, das mit der Produktion einer Schlüsselchemikalie des Gehirns zu tun hat, doppelt so häufig anfällig sind für eine Depression.

Neben physischen Gründen gibt es genauso gut psychische Gründe für eine Depression. Stress ist eine bedeutende psychische Ursache. Heutzutage ist der «Überbelastung mit Informationen» die erste Ursache von Stress und Depression. Die Technologie liefert Informationen einfach in einem zu hohen Tempo, als dass der Mensch vernünftig damit umgehen könnte. Die Menschen finden es immer schwieriger, mit ihren Emails fertig zu werden, mit Instant Messages und Voicemails, ihren Beepers und Personal Digital Assistants (PDAs), ihren Faxen und Kurierdiensten und der ständigen Notwendigkeit, eine Technologie verstehen zu müssen, die sich anscheinend jeden Tag verändert — und gleichzeitig in einem immer schnelleren Rhythmus qualitativ gute Arbeit liefern zu müssen. Wo ein Unternehmen früher vielleicht in Konkurrenz zu einem weiteren Unternehmen in derselben Stadt stand, da stehen Unternehmen heutzutage via Internet zu Unternehmen in der ganzen Welt in Konkurrenz. Der Stress, nicht Schritt halten zu können, macht Menschen anfällig für Depressionen.

«Eine Depression ist wie eine gemeine Erkältung. Sie achtet nicht auf das Ansehen der Person.»
Myra Chave-Jones, *Coping with Depression*

Ereignisse wie zum Beispiel der Verlust des Arbeitsplatzes, der Tod eines geliebten Menschen, der Verlust eines guten Freundes, finanzielle Schwierigkeiten, ein Umzug oder ein Schulwechsel sind ebenso sehr stressreiche Ereignisse. Die Verluste, die wir im Leben erfahren, können Faktoren sein, die zu einer Depression beitragen. Eine Untersuchung, die an der Universität von Oregon und an der Universität von Pittsburgh ausgeführt wurde, hat ergeben, dass statistisch gesehen einer Depression oft stressreiche Lebensereignisse vorangehen. Länger andauernder oder akuter Stress und die übermäßige Absonderung von Stresshormonen können Bereiche des Gehirns schädigen, die damit zu tun haben, die Stimmung stabil zu halten.

Neuere Untersuchungen haben ergeben, dass Demütigungen ebenso Depressionen auslösen können, sogar noch mehr als persönliche Verluste. Der Tod eines Familienmitgliedes oder eines Freundes ist traurig, aber solche Ereignisse beeinträchtigen die persönliche Identität einer Person nicht in dem Maße wie die Demütigung, die daher rührt, dass man seine Arbeit verloren hat oder dass man unter einem Arbeitgeber arbeitet, der die eigene Arbeit herabsetzt oder wenn man sein ganzes Berufsleben mit Schamgefühlen gelebt hat. Fünfzig Prozent aller Personen, die an Posttraumatischer Belastungsstörung, auch PTSD genannt, leiden, leiden auch an Depression. Eine Posttraumatische Belastungsstörung kann auftreten, wenn man lebensbedrohliche Ereignisse erfahren hat oder dabei zugegen war, wie zum Beispiel bei militärischen Kampfhandlungen, Naturkatastrophen, terroristischen Vorfällen, ernsthaften Unfällen oder gewalttätigen Angriffen auf die eigene Person wie bei einer Vergewaltigung. Depression ist verknüpft mit PTSD, und die Symptome können schwerwiegend genug sein, um das tägliche Leben einer Person zu beeinträchtigen.

Die persönliche Sichtweise, die wir von uns selbst haben, kann ebenso die Depression auslösen. Idealistische Menschen sind ein Geschenk für die Menschheit. Ihre Ideale und Wertvorstellungen machen dem Rest von uns deutlich, was wir werden können. Jedoch können sich idealistische Menschen zu Kandidaten für eine Depression machen: Erstens scheinen sie manchmal gar nicht in der Lage zu sein, ihre eigenen Ideale zu erreichen — ebenso wenig wie jemand anderer —, was in Zynismus und Depression endet. Zweitens haben idealistische Menschen manchmal die Ideale verwirklicht, die sie sich gesetzt haben, nur um sich dann unverzüglich neue und höhere Ideale zu setzen, die sie dann erreichen wollen. Das Leben wird zu einer endlosen Jagd nach utopischen Träumen.

Aufgrund unserer hohen Ideale sind wir Christen mitunter bevorzugte Zielscheiben für eine Depression. Hohe Erwartungen bezüglich der Lebensweise verstärken Ideale, die unrealistisch sein können: *Christen werden niemals ärgerlich. Christen lassen sich niemals scheiden. Christliche Familien haben keine Probleme. Gott liebt nur Christen, die vollkommen sind.* Wenn wir nur genügend Glauben hätten, brauchten wir keine medikamentöse Behandlung gegen Depressionen. Wenn wir an die Macht des Gebetes glaubten, wären wir dann nicht glücklich? Wenn Christen wirklich an Gott glaubten, sollten wir dann nicht in der Lage sein, die «Rolle» eines Gläubigen «zu spielen»? «Eine Rolle zu spielen» ist Teil des Problems, vor dem ein Christ oder jeder Mensch mit hohen Maßstäben stehen kann. Wir stellen uns vor, wie der ideale Christ zu sein hätte und erkennen, dass wir *das nicht sind.* Aber wir geben vor, es zu sein, manchmal wenigstens. Aber eines Tages zerbrechen die Schläge des Lebens dieses falsche Selbstbild, und wir entdecken, dass wir nicht so sind, wie «Christen sein sollten».

Die Tyrannei dieses Bildes von einem vollkommenen Christen führt zu einer eigenen Art von Depression; einer Depression, in der man von der Furcht umgetrieben wird, dass Gott diejenigen nicht liebt, die nicht «meinen» Erwartungen gemäß leben — wohlgemerkt «meinen», nicht Gottes Erwartungen. Indem wir Gottes Erwartungen mit den unseren verwechseln, werden wir zu Gefühlen wie Versagen und Schwarzseherei verleitet. *Wir* sind es, die von uns selbst Vollkommenheit erwarten («Gott, ich danke dir, dass ich nicht wie die anderen Menschen bin, die Räuber, Betrüger, Ehebrecher [...]», Lk 18,11). Gott hingegen gewährt uns das Geschenk der Versöhnung.

Schließlich verstärkt das Missverstandenwerden durch andere Menschen die Depression. Niemand, der ein bisschen Feingefühl hat, würde von einer Person mit einem gebrochenen Bein erwarten, dass sie eine Meile läuft oder ein zwanzig Kilo schweres Paket trägt. Es ist jedoch schwieriger, einen depressiven Menschen zu verstehen und ihm gegenüber feinfühlig zu sein. Menschen, die an einer Depression leiden, haben manchmal Angst davor, zuzugeben, dass sie so niedergeschlagen sind. Dieses anzunehmen und eine Beratung oder eine medikamentöse Behandlung zu verfolgen, würde sie nicht nur dem Stigma aussetzen, das mit einer Depression oder Geisteskrankheit verbunden ist. Es könnte ebenso zu Isolation führen, zu möglichem Verlust des Arbeitsplatzes und zu mangelndem Verständnis innerhalb der Familie. Oft bleiben Menschen, die an Depression leiden, eingeschlossen in ihre Ängste, allein mit ihren Sorgen und machen den anderen vor, sie seien stark. Dabei wünschen sie sich die ganze Zeit, sie könnten jemanden anvertrauen, wie schlecht es ihnen geht.

Eine Depression ist eine komplexe Krankheit, die wahrscheinlich am besten nicht *nur* durch die Gene oder *nur* durch die Umstände erklärt wird, sondern durch deren Wechselwirkung.

Jesus hat die Tränen geheiligt

Menschen, die an einer Depression leiden, erleben ihre eigene Verletzlichkeit auf eine besonders tiefe Weise: eine Erfahrung, die keiner gerne macht, die aber jeder braucht. Jesus hat sich selbst verletzlich gemacht. In seinem Leben hat er Tränen vergossen. Sein Tod schien ein Versagen zu sein. Als er die Erde verließ, hatte er nur mehr eine Handvoll Anhänger, die ihn zuvor zum Teil im Stich gelassen hatten. Als er am Kreuz hing, besaß er nur sein Vertrauen auf den Vater, den einzigen Besitz, den ihm niemand nehmen konnte. Jesus hat die Tränen geheiligt, weil er geweint hat. Er kannte die Seelenqualen und die Enttäuschungen, die wir angesichts unserer Probleme empfinden. Er entschied sich, alles Menschliche zu ertragen und es mit sich zurück zum Vater zu nehmen. Der zur Rechten Gottes sitzt, weiß, was es heißt, zu weinen. Er predigte eine Welt, in der das Obere nach unten gekehrt ist, in der die Armen, die an den Rand Gedrängten, die Leidenden, die von seelischen Schmerzen Gequälten die Ersten sind, die Ehrengäste und die Bevorzugten.

Die Verletzlichkeit durch Depression fühlt sich nicht heilig an. Es fühlt sich an wie die Hölle. Es scheint kein Licht zu geben, auf das man zugehen könnte. Oft scheint es keinen Grund mehr zum Leben zu geben. Es gibt nur wenige vergleichbare Erfahrungen, die uns in solch einer zugespitzten Weise unserer Verletzlichkeit aussetzen.

Im Winter des Jahres 1829 fing Francis Libermann, ein junger Seminarist aus St. Sulpice in Paris, an, eine übermäßige Müdigkeit zu verspüren. Es wurde für ihn immer schwieriger, seine Gefühle in den Griff zu bekommen. In der Annahme, dass ihn sein Theologiestudium erschöpfe, folgte er dem Rat seines Arztes und fing an, dem Unterricht fernzubleiben, um sich mehr Zeit zum Ausruhen zu verschaffen. Doch als die Wochen verstrichen, fühlte Libermann sich zunehmend unwohl, da er eine Vorahnung hatte, dass mit seiner Gesundheit etwas ernstlich nicht stimmte. Eines Tages, während er einen anderen Seminaristen in der Krankenstube besuchte, ging ein heftiger Stoß durch seinen Körper. Francis fiel in einem epileptischen Anfall zu Boden. Als er einige Stunden später auf einem Krankenbett erwachte, fühlte sich Francis so, als hätte ihn jemand mit einem Knüppel niedergeschlagen. In seinem Kopf hämmerte es und vor seinen Augen verschwamm alles. Da es ihm zur Gewohnheit geworden war, sich in allem an Jesus als an sein Vorbild im Leben zu wenden, wendete sich Francis zum Herrn, dem er sein Leben übergeben hatte und betete: «Es ist recht, oh, Herr, dass Du es mir gestattest, all diesem unterworfen zu sein. Ich bin inmitten von Qualen, doch ich werde mich nicht der Verzweiflung hingeben.»

Als der Arzt Francis untersuchte, war er überrascht, den jungen Mann gelassen und lächelnd zu sehen. Epileptische Anfälle lassen ihre Opfer normalerweise mit einem Gefühl der Hoffnungslosigkeit, der Niedergeschlagenheit und der Überempfindlichkeit zurück. Aber der junge Arzt war erstaunt darüber, dass der junge Seminarist keinen dieser Gefühlszustände an den Tag legte. Kurz nachdem der Arzt seinen Patienten verlassen hatte, kam dennoch allmählich eine große Besorgnis in Libermanns Gedanken hoch. Er fühlte eine panische Angst, ob ihn sein Zustand dazu zwingen würde, seinen Traum von der Weihe

> ***«Erinnere Dich daran, dass Du geborgen bist. Du wirst geliebt. Du wirst beschützt.»***
> Henri Nouwen, *The Inner Voice of Love*

zum Priester aufzugeben. Diese Angst wuchs an zu einem Gefühl grässlicher Schuld und zu der Befürchtung, dass diese Krankheit Gottes Strafe für etwas sei, das er begangen hatte. Dieses Hin- und Herstrampeln zwischen Frieden und Verzweiflung wurde Francis allmählich nur allzu vertraut, da sein Kampf mit der Depression für den Rest seines Lebens andauern sollte.

Mit der Zeit nahmen die epileptischen Anfälle zu. Libermann begann, sein geheimnisvolles Übel «meine geliebte Krankheit» zu nennen. Wenn er das Gefühl hatte, von der Depression überflutet zu werden, dann flüchtete er in die Kapelle oder verbarg sich in seinem Zimmer und kniete sich hin zum Beten, bis sich die schwarzen Wolken zerstreut hatten. Er konterte die Angst, die mit dem Ausbruch der Anfälle einherging, mit der friedvollen Hingabe an die Liebe Gottes.

Obwohl Francis beschloss, diese Wendung in seiner Gesundheit mit Vertrauen und friedvoller Liebe anzunehmen, so war die zugrunde liegende Strömung im Ozean seiner Gefühle doch die der Einsamkeit, des Versagens und der Mutlosigkeit. Oft brachte ihn die Depression in die Versuchung, sich von einer Brücke in die Seine zu stürzen. Die dunklen Wasser schienen ihn dazu aufzurufen, dem Elend seines Lebens ein Ende zu setzen. Die Versuchung war groß, fast unwiderstehlich, und er musste die Brücken im Eilschritt überqueren, aus Furcht, dass er dem sirenenhaften Ruf der Wasser nachgeben könnte, der ihm Frieden zu versprechen schien. Francis Libermann hat einmal bekannt, dass er niemals eine Brücke überquert hat, ohne den Drang zu verspüren, sich ins Wasser hinabzustürzen. Der unkontrollierbare Drang, sein elendiges Leben zu beenden, war so stark, dass er selbst in seinem Zimmer niemals ein Messer oder einen scharfen Gegenstand in Reichweite aufbewahrte.

Schließlich entließen ihn seine Oberen widerstrebend aus dem Seminar. Doch sein Leiden hatte Francis zum Meister darin werden lassen, die Kämpfe und Leiden der anderen zu verstehen. Allmählich fingen die Seminaristen an, wegen geistlicher Führung zu ihm zu kommen, und er wurde Assistent des Novizenmeisters einer Gemeinschaft von Eudisten aus der Kongregation von Jesus und Maria. Diese war von Johannes Eudes zur Ausbildung von Priestern für die Mission gegründet worden. Mit der Zeit sammelte Libermann eine Gruppe von Leuten um sich, die eine kleine religiöse Gemeinschaft bildeten, die sich um gerade freigelassene Sklaven auf den Inseln Haiti, Réunion und Mauritius kümmern wollten.

Francis Libermann reiste im Jahre 1838 nach Rom, um die Erlaubnis zu erbitten, diese neue Kongregation zu bilden und anzuführen. Während seines Aufenthaltes hatte er eine Audienz bei Papst Gregor XVI., der ihn segnete und dabei die prophetischen Worte aussprach: «Sarà un santo.» (Er wird ein Heiliger sein.) Mit der Zustimmung des Vatikans wurde die neue Kongregation begonnen, und zu Pfingsten 1841 wurde Libermann endlich zum Priester geweiht.

Beharre auf Gottes Liebe zu Dir

Libermanns ganzes Leben hindurch war es seine persönliche Erfahrung im Leiden, von Jugend an, die ihn zu einem sanften und verständnisvollen Beistand der Leidenden machte. Heute ist er bekannt als der Ehrwürdige Francis Libermann, was bedeutet, dass die Kirche seinen herausragenden Tugendgrad anerkannt hat. Obwohl sein Leiden ihn bis zu seinem Todestage begleitete, betete Francis oft:

«O heiligster und anbetungswürdigster Geist meines Jesus, lass mich Deine sanfte Stimme hören. Erfrische mich mit Deiner kostbaren Inspiration. O göttlicher Geist, ich möchte wie eine leichte Feder vor Dir sein, so dass Dein Atem mich tragen mag, wohin er will, und dass ich ihm nicht den leisesten Widerstand bieten möge.»

Libermann hatte gelernt, dass jede Erfahrung im Leben, selbst die entmutigendste und niederschlagendste, der Atem des Geistes sein kann. Denn nicht unsere Leiden bestimmen, wer wir sind. Trotz des Schleiers, mit der die Depression unser Leben umhüllt, bestimmt sie doch nicht, wer wir sind. Wie Papst Johannes Paul II. oft im Gespräch mit den Kranken und Schwachen sagte, «Gott erwählt die Gebrechlichen und Schwachen, um seine göttliche Macht denen kundzutun, die auf ihn vertrauen, besonders dann, wenn alles verloren scheint». Francis Libermann ist in besonderem Maße als Ratgeber für diejenigen geeignet, die an Depressionen leiden. Sein unermüdliches Beharren auf Gottes Liebe zu ihm gab ihm den Mut, sein Leben dem Heiligen Geist zu übergeben, der stets eine Türe für die Hoffnung öffnet.

Anregung zum Gebet

Beten Sie das erste schmerzhafte Geheimnis des Rosenkranzes von der Todesangst im Garten Gethsemani. Beten Sie diese zehn Gebete des Rosenkranzes — ein Vaterunser und zehn Ave Maria — ganz langsam und erlauben Sie es sich, bei Jesus zu bleiben in seinen Sorgen und Tränen. Dringen Sie in Jesus ein und sehen Sie von innen, was er fühlte, als er zu seinem Vater um Hilfe betete. Dann erlauben Sie Jesus, das von innen zu fühlen, was Sie jetzt fühlen. Hören Sie auf das, was Jesus Ihnen zu sagen hat.

Wenn Sie sich in einer Depression befinden

Machen Sie eine Liste der Faktoren, die wichtig sein könnten, um Ihre Depression zu verstehen.
Fangen Sie an, Ihre eigene Geschichte aufzuschreiben. Notieren Sie die wichtigsten Begebenheiten, Gebetserfahrungen, Träume, Inspirationen, plötzliche Richtungswechsel, überraschende Entdeckungen, die Sie nie für möglich gehalten hätten.

Wenn sich ein Freund von Ihnen in einer Depression befindet

Nehmen Sie sich jede zweite Woche einige Stunden Zeit, denjenigen zu besuchen, der sich in einer Depression befindet. Sorgen Sie für eine willkommene Zerstreuung, indem Sie Ihr Haustier mitbringen, wenn Sie eines haben. Hören Sie zu und zeigen Sie Verständnis. Laden Sie Ihren Freund ins Kino oder auf ein Eis ein oder gehen Sie gemeinsam spazieren.

Einige Symptome einer Depression

- Weinen
- Wut
- Gewichtsverlust oder -zunahme
- Heftige Gefühlsschwankungen
- sich zurückziehen
- Reizbarkeit
- Hoffnungslosigkeit

- Schuldgefühl
- Überempfindlichkeit
- Tränenausbrüche
- Gefühl der Unzulänglichkeit
- Veränderung der Schlafgewohnheiten
- Unkontrollierbare Gefühle der Verzweiflung
- kein Interesse am Essen oder ungewöhnliches Sich-überessen
- Teilnahmslosigkeit
- Gefühl der Wertlosigkeit
- Fehlen jeder Motivation
- Gefühl der Sinnlosigkeit

2. «Du musst Dich nur mehr anstrengen»

«Ich weiß nicht, warum mir zum Weinen zumute ist. Wenn ich mit meinen Freunden zum Essen ausgehe, erzähle ich ihnen manchmal, wie ich mich fühle. Sobald ich damit anfange, sagen sie: "Müssen wir uns das schon wieder anhören? Komm darüber hinweg. Jeder hat seine Probleme." Ich möchte nur jemanden, der mir einmal zuhört.»

Cherrie

«Eines Tages sagte eine Freundin zu mir: "Du brauchst Hilfe. Du steckst in einer Depression." Ich werde ihr ewig dankbar sein. Ich hatte nicht realisiert, dass ich in einer Depression war. Eigentlich hatte ich noch nicht einmal realisiert, wie sehr ich litt. Ich dachte, jedem wäre so zumute wie mir. Sie ist weiterhin eine Freundin geblieben und hat mir in diesen Jahren der Heilung beigestanden.»

Marie

Fast jeder depressive Mensch hat diese Worte so oder so ähnlich schon einmal gehört:

«Jeder hat schon einmal einen schlechten Tag.»

«Sieh auf das Positive.»

«Krempel die Ärmel auf und fang wieder von vorne an.»
«So läuft das eben im Leben.»
«Du wirst darüber hinwegkommen.»
«Du musst Dich eben etwas mehr bemühen.»
«Erfreue Dich an den kleinen Dingen des Lebens.»
«So schlimm kann es doch gar nicht sein.»

Irgendwann kann es sein, dass diejenigen, die an einer Depression leiden, das Gefühl haben, dass die anderen diese Dinge dächten, auch wenn sie sie nicht aussprechen. «Vielleicht haben sie Recht. Ich schaue immer nur auf das Negative. Wenn ich wirklich wollte, würde ich das alles einfach abschütteln.» Andererseits können diese Klischees aber auch Ärger auslösen.

«Wenn ich doch nur rauskommen *könnte* aus dem Schlamassel!»

«Doch, so schlimm *kann* es sein!»

«Nein! Da *gibt* es nichts, an dem ich mich erfreuen könnte!»

«Nur zu Deiner Information: *Ich habe mir das nicht ausgesucht*!»

Die depressive Person möchte diese Worte denjenigen, die unsensibel auf ihre Traurigkeit reagieren, am liebsten entgegenschleudern. Doch in ihrem Innersten hat sie irgendwo die Befürchtung, dass die Leute eigentlich die Wahrheit sagen könnten. «Wenn ich mich nur mehr anstrengen würde, dann könnte ich das vielleicht überwinden.» Tatsache bleibt jedoch, dass Du die Depression *nicht* überwinden kannst, indem Du sie weg wünschst. Eine Depression, wie jede andere Krankheit, muss ernsthaft behandelt werden. Man muss mit Verstand darangehen. Es ist kein Zeichen einer Niederlage, wenn man zugibt, eine Depression zu haben. Es ist ein Zeichen einer Niederlage, wenn man es *nicht* zugibt.

Wenn ein Mensch in der Depression ist, möchte er nur, dass ihm jemand zuhört, wo es innen wehtut. Wir möchten, dass jemand die Tränen sieht, die wir vielleicht nicht vergießen können, von denen wir uns aber wünschen, dass sie jemand abwischt. Ein schwarzer Tunnel umschließt einen, der jeden Lichtschimmer auslöscht, und oftmals ist das einzige, worüber der Depressive noch reden kann, eben dieser schwarze Tunnel. Die Depression kann so entkräftend sein, dass sie alle Aufmerksamkeit und alle Energie des Menschen in Anspruch nimmt.

Unterhaltungen, die fast ausschließlich um die Probleme einer Person kreisen, schrecken die Leute jedoch bald ab. Freunde rufen immer seltener an. Wenn Leute sich amüsieren wollen, dann müssen sie zu viel emotionale Energie aufbringen, um jemanden einzuladen, der in einer Depression steckt. Ganz allmählich sieht sich die Person, die an einer Depression leidet, von den anderen abgesondert. Freundschaften lösen sich unmerklich auf, in dem Maße, wie die depressive Person sich in eine Welt zurückzieht, die jeden Tag unverständlicher und hoffungsloser wird.

Die Isolation, ein geringes Selbstwertgefühl und die Furcht vor dem Verlassenwerden lassen davor zurückschrecken, neue Freundschaften anzufangen oder bestehende neu zu beleben. Freundschaft mag gar nicht mehr erstrebenswert erscheinen; die Energie, um andere zu erreichen, ist einfach nicht mehr vorhanden. Freundschaften, die auf gegenseitiger Anziehung und auf dem Zusammenwirken beruhen, können einem auf grausame Weise unerreichbar erscheinen.

Christus hat die Freundschaft neu definiert

Das Leben, der Tod und die Auferstehung Jesu jedoch haben die Freundschaft neu definiert. Für Christen wird Freundschaft nicht länger als bloße Anziehung definiert oder als das, was ein anderer für uns tun kann, sondern als das Geschenk seiner selbst an die anderen, denn das ist es, was Jesus getan hat. In Christus Jesus sind Christen dazu aufgerufen, *in Gemeinschaft* zu leben und *in Gemeinschaft* Gott zu verehren. Die christliche Gemeinschaft ist ein Modell der Schönheit: Der Schönheit, dazu auserwählt zu sein, vertraute Freunde des Herrn und untereinander zu sein. Freundschaften, die «schön» sind, weil sie gegenseitig empfangen und aufgebaut werden. In der christlichen Gemeinschaft lebt und betet der Reiche mit dem Armen an, der Computerfreak mit dem Zweitklässler, der Intellektuelle mit dem Einfachen, der Hauptgeschäftsführer mit dem Mechaniker. Die christliche Gemeinschaft wird dort verwirklicht, wo Menschen das neue Potenzial der menschlichen Natur und die Möglichkeit einer begnadeten Gemeinschaft mit anderen verkörpern. Christus hat diese möglich gemacht. Christen werden in eine Gemeinschaft von Menschen gerufen, die sich nicht durch gegenseitige Anziehung zusammengefunden haben, sondern durch einen Ruf in Christus Jesus, durch die Macht seines Geistes, zur Ehre des Vaters.

Ein Hilfs-Netzwerk von Freunden gründen

«Es ist sehr hilfreich, jemanden zu haben, mit dem man regelmäßig sprechen kann», glaubt Karl. «Du weißt, dass sie immer da sind, nur für den Fall, dass du eines Tages wirklich verzweifelt bist und rasche Hilfe brauchst!» Wenn Sie an einer

Depression leiden, mag es schwierig sein, Freundschaften zu pflegen, doch sind diese wesentlich für die Heilung. Beginnen Sie damit, mindestens fünf Leute herauszufinden, die Sie anrufen können, wenn Sie jemanden zum Reden brauchen — Leute, die ihrerseits auch auf Ihre Freundschaft rechnen können. Bei der Ausschau nach Menschen, die Teil dieses Hilfs-Netzwerkes werden können, suchen Sie nach Leuten, die sich in Sie hineinversetzen können und die zuhören können. Nach Leuten, die Ihrer Persönlichkeit und Ihren Stärken positiv gegenüberstehen und die Sie mit Liebe, Humor und Aufrichtigkeit behandeln. Sorgen Sie dafür, dass Sie in Ihrem Hilfs-Netzwerk ein oder zwei Menschen aussuchen, mit denen Sie ausgehen und etwas unternehmen können, wenn sich die Dunkelheit nur durch ein herzhaftes Lachen vertreiben lässt. Die Menschen in Ihrem Hilfs-Netzwerk sollten offen sein und Trost spenden können, wenn Sie beschreiben, wie Sie sich fühlen und was Sie wollen. Sie werden nach der Art von Leuten suchen, die Ihre Höhen und Tiefen akzeptieren können, ohne zu urteilen. Verwandte, Ehegatten, Seelenverwandte, Therapeuten, Ratgeber, Mitglieder Ihrer Gemeinde oder Kirche und Nachbarn — alle können Teil dieses Hilfs-Netzwerkes sein.

Nachdem Sie ein Hilfs-Netzwerk gebildet haben, ist es eine gute Idee, sich über folgendes klar zu werden: Wie möchten Sie, dass andere Sie behandeln — und nicht behandeln —, wenn Sie depressiv sind (oder manisch-depressiv)? Ein ehrliches Gespräch mit jedem Einzelnen über die Art der Hilfe,

«Vielleicht habe ich nicht die Welt verändert, doch wenn ich jemandem auf dem Weg irgendwie helfen oder ihn ermutigen konnte, dann habe ich das getan, wozu ich berufen bin.»
Schwester Thea Bowman

die Sie brauchen, sollte dem anderen die Freiheit lassen, darüber nachzudenken, ob er oder sie sich dazu in der Lage fühlt, so für Sie da zu sein, wie Sie es beschrieben haben. Fragen Sie auch danach, wie es *den anderen* am liebsten wäre. Sprechen Sie darüber, wann sie am leichtesten kontaktiert werden können. Was würden sie gerne unternehmen? An welchem Tag der Woche sind sie am leichtesten verfügbar, um einen Kaffee zu trinken oder ins Kino zu gehen? Versuchen Sie, soweit wie möglich, ihre Vorlieben mit Ihren Bedürfnissen in Einklang zu bringen. Je nach den einzelnen Begabungen und Persönlichkeiten können Sie den einen anrufen, wenn Sie das Bedürfnis haben, einmal kurz zu telefonieren. Den anderen können Sie kontaktieren, wenn Sie Ihr Urteil noch einmal überprüfen möchten, bevor Sie eine Entscheidung fällen. Einen dritten, wenn Sie für eine kurze Zeit wichtige Entscheidungen anderen überlassen müssen oder irgendeinen von ihnen, wenn Sie nur jemanden brauchen, der Sie zum Lachen bringen kann.

Vielleicht ist einer Ihrer Freunde damit einverstanden, Sie am Sonntag im Auto mit zur Messe zu nehmen oder mit Ihnen am Telefon zu beten. Es ist besonders effektiv, über das Telefon geführte Phantasiereisen zu machen. Ich habe mit Freunden gebetet, als sie angerufen haben und besonders niedergeschlagen waren oder das Gefühl hatten, außer Kontrolle zu geraten. Beim gemeinsamen Beten stellen wir uns Jesus bildlich vor. Dann führe ich sie dahin, mit ihm zu sprechen und ihm ihr Bündel Angst oder Schmerz zu übergeben. Manchmal schlage ich Worte vor, die sie Jesus sagen können, und oft endet es damit, dass sie während des Betens dann spontan mit ihm sprechen. Ich schließe ab, indem ich sie frage, was Jesus ihnen zur Antwort gibt. Dieses Dabeisein, wenn ein anderer Mensch dem Herrn begegnet, ist ein besonderer Augenblick. Durch die Gebete mit anderen habe ich gefühlt, wie Jesus sie beruhigt, wenn sie seiner Liebe erlauben, ihre Sorgen und Ängste sanft zu heilen.

Im Laufe der Zeit werden diese Beziehungen des Sich-Verschenkens und des Da-Seins für andere wachsen, und Sie werden Einzelheiten über die Menschen in Ihrem Hilfs-Netzwerk entdecken. Wenn Sie dazu in der Lage sind, schicken Sie dem anderen eine Karte zu seinem Geburtstag oder zu besonderen Anlässen. Bringen Sie ein ausgefallenes Dessert vorbei — auch wenn es gekauft und nicht selbstgemacht ist. Versuchen Sie herauszufinden, was die anderen gerne machen und schlagen Sie dieses bei gemeinsamen Unternehmungen zuerst vor. Nehmen Sie wahr, wenn sie gestresst sind und schlagen Sie vor, ihnen einen Kaffee zu kochen, ihren Hund auszuführen oder ihnen eine E-mail zu schicken.

Aufopfernd schenken und dankbar empfangen

Freundschaft hat das Leben von Gail verändert. Gail ist 45 Jahre alt und lebt in Virginia. Bei ihr wurde mit 19 Jahren eine manische Depression diagnostiziert. Gail sprach gut auf ihre Behandlung an und führte ein produktives Leben. Doch zehn Jahre später wurde sie von einem Auto angefahren, und ihre Welt ging in die Brüche. Ihre Stimmungsschwankungen wurden stärker, und ihre Familie fühlte sich nicht länger in der Lage, für sie zu sorgen. «Meine Mutter war selbst depressiv, so dass es für meine Eltern schwierig war, mit meiner Situation umzugehen. Ich versuchte, einen Job zu finden und allein zu leben», erinnert sie sich. «Diese ganze Zeit war schrecklich. Die medikamentöse Behandlung war nicht länger erfolgreich, und ich beging sogar einen Selbstmordversuch.» Das

«Wunder» der Heilung, das Gott in ihrem Leben vollbrachte, war das Wunder der Freundschaft. «Ich war ziemlich verzweifelt», erinnert sich Gail, «also schaltete ich eine Annonce in der Zeitung. Stellen Sie sich eine riesige städtische Zeitung vor, und auf einer Seite eine kleine Anzeige, nur drei Zeilen lang. Stellen Sie sich vor, jemand findet diese drei Zeilen und ruft Sie an. Genau das ist passiert. Ben und ich haben uns getroffen und dann schließlich geheiratet. Für mich ist das das Wunder: Dass Gott uns zusammengebracht hat. Ben hat mich gefunden und etwas in mir entdeckt, das er liebt. Ob ich mir das vorstellen konnte oder nicht, er hat etwas entdeckt.»

Ben erinnert sich daran, dass Gail ihm eines Tages mitteilte, dass sie depressiv war. «Ich hatte nicht damit gerechnet, aber je mehr ich darüber nachdachte, desto mehr wurde mir bewusst, dass das kein Grund war, unsere Beziehung abzubrechen. Als wir uns entschieden, zu heiraten, hatte ich akzeptiert, dass die manische Depression ein Teil ihres Lebens war.» Gail glaubt, dass sie durch die Liebe, die sie empfangen hat, viel leichter mit ihrer Krankheit zurechtkommen kann. «Seit 10 Jahren ist er der beste Ehemann», sagt sie. «Er hat mir all die Stabilität gegeben, die ich im Leben brauche, soviel Liebe, wie ich mir nur vorstellen kann. Im Gegenzug gebe ich ihm emotionale Unterstützung, indem ich einfach für ihn da bin und ihm zuhöre.» Wenn Sie anderen Menschen helfen, bereichert das Ihr Leben in einer Weise, die sonst keiner sehen kann. «Haben Sie keine Angst davor, eine Beziehung

«Gott segne die Armen, Gott segne die Kranken und segne uns Menschen. Gott segne unser Essen, Gott segne unser Trinken. O Gott, umarme jedes Heim.»
Hl. Brigitta von Kildare

mit jemandem wachsen zu lassen, der an einer Depression leidet», sagt Ben. «Sowohl Gail als auch mir hat es sehr viel geholfen, eine Beziehung zu haben. Für uns beide ist das Leben schöner dadurch geworden, dass wir ineinander verliebt waren.»

Freundschaften, die auf aufopferndem Schenken und dankbarem Empfangen gegründet sind — von beiden Personen aus —, lassen die Liebe in der Welt anwachsen. Einen Sinn zu haben, der größer ist als man selbst, kann einem depressiven Menschen dabei helfen, einen Schritt in Richtung Bindung und Gegenwärtigkeit zu tun. In einer zutiefst christlichen Art und Weise werden diese Menschen zu vertrauten Freunden, weil ihre Freundschaft die gegenseitige Anziehung und die eigenen Interessen übersteigt. Wir werden füreinander zu einem Sakrament der Gegenwart Gottes, zu einer eucharistischen Realität, durch das Element des Sich-Verschenkens, welches diese hilfreichen Beziehungen charakterisiert.

Die Liturgie: Eine Schule des Erinnerns an die Treue Gottes

Die eucharistische Liturgie bringt die Tiefe des Gefühls in unserem Leben in Kontakt mit dem Pathos Gottes (Pathos = griech. für Leiden, *Anm. des Übersetzers*). Die Liturgie der Eucharistie ist der einzige Ort, der sowohl die Spannung des Leidens als auch die Fülle des Lobpreises aushalten kann. Leiden ohne Lobpreis stumpft ab. Lobpreis, der nicht dem Leiden begegnet, ist eine hohle Erfahrung. In den Riten und Gebeten der Liturgie, in den Lesungen und Lobpreisungen Gottes entdecken wir, wer wir sind. Doch genauso und an erster Stelle erfahren wir, wer Gott für uns ist. Die Geschichten des Eingreifen Gottes in unser Leben sind Lektionen für uns und formen uns.

Die Wiederholung von Riten und Gebeten kann uns dabei Ruhe schenken.

Insbesondere die Präfationen und eucharistischen Gebete der Messe sind bevorzugte Orte für diese Entdeckung. Jede Präfation erzählt das Mysterium der Schöpfung *und* der Erlösung. Die Präfation des Eucharistischen Hochgebetes II stellt fest, dass Jesus das Wort Gottes ist: «Er ist dein Wort, durch ihn hast du alles erschaffen. Ihn hast du gesandt als unseren Erlöser und Heiland: Er ist Mensch geworden durch den Heiligen Geist, geboren von der Jungfrau Maria. Um deinen Ratschluss zu erfüllen und dir ein heiliges Volk zu erwerben, hat er sterbend die Arme ausgebreitet am Holze des Kreuzes. Er hat die Macht des Todes gebrochen und die Auferstehung kundgetan. Darum preisen wir dich mit allen Engeln und Heiligen und singen vereint mit ihnen das Lob deiner Herrlichkeit.» In der ersten Präfation von Ostern loben wir Gott dafür, dass er uns seinen Sohn gesandt hat, der zu unserem österlichen Opfer geworden ist. «Denn er ist das wahre Lamm, das die Sünde der Welt hinweg nimmt.» Die zweite Präfation von Ostern erinnert uns daran, dass wir durch Jesus Christus Kinder des Lichtes sind: «Wir danken dir, Vater im Himmel, und rühmen dich unseren Herrn Jesus Christus. Durch ihn erstehen die Kinder des Lichtes zum ewigen Leben, durch ihn wird den Gläubigen das Tor des himmlischen Reiches geöffnet.»

Und in der zweiten Präfation von Weihnachten staunen wir über das Geheimnis der Menschwerdung: «Denn groß ist das Geheimnis seiner Geburt, heute ist er, der unsichtbare Gott, sichtbar als Mensch erschienen. Vor aller Zeit aus dir geboren, hat er sich den Gesetzen der Zeit unterworfen. In ihm ist alles neu geschaffen. Er heilt die Wunden der ganzen

Schöpfung, richtet auf, was darnieder liegt, und ruft den verlorenen Menschen ins Reich deines Friedens.» Im Staunen über das Mysterium der Dunkelheit, die zum Licht führt, vereinigen wir uns dann mit den Engeln und Heiligen zum Lobgesang Gottes und singen das *Sanctus*.

Das Eucharistische Hochgebet IV erzählt von Gottes Trachten nach dem Menschen vom Augenblick der Schöpfung an und durch die Bündnisse und Propheten hindurch, die uns gelehrt haben zu hoffen und zu glauben. So sehr hat der Vater die Welt geliebt, dass er seinen eingeborenen Sohn als Retter gesandt hat, nachdem die Fülle der Zeit gekommen war. Gott hat ihn gesandt, um das Heil, die Freiheit und die Freude zu verkünden. Durch seinen Gehorsam und seinen Tod am Kreuz hat er uns erlöst und das Leben neu geschaffen.

In der Liturgie der Eucharistiefeier begegnen das Leid und der Schmerz des Ungehorsams und der menschlichen Verletzlichkeit der brennenden Liebe Gottes, der sein Volk nicht zugrunde gehen lässt. Auch wir vertiefen uns in dieses eucharistische Werk Jesu. Er ist der göttliche gute Samariter, der seinen Geschöpfen gedient hat, seinen Aposteln die Füße gewaschen hat und der sich in der Liturgie über all unsere Wunden beugt. Die Beziehungen, die Sie mit den Mitgliedern Ihrer Gruppe pflegen, oder mit denjenigen, mit denen Sie die Sorgen und Kämpfe Ihrer Depression teilen, sind genauso solche Gute-Samariter-Beziehungen. Sie weiten die eucharistische Gegenwart Jesu, dem Diener und Samariter, in die heutige Welt aus.

Was ich von der eucharistischen Liturgie empfange, hängt nicht davon ab, wie ich mich gerade fühle oder ob ich während der Messe eine «gute Erfahrung» gemacht habe. Vielmehr geht es darum, was *Gott* getan hat und um alle

Verheißungen Gottes. Als Katholiken ist unser tägliches Leben solange nicht vollkommen offen für Gott, solange wir nicht mitten in unserer menschlichen Situation die Kunst erlangen, in der Gemeinschaft mit den anderen Gott zu loben und ihm zu danken. Wenn wir *für* und *mit* und *inmitten* einer leidenden Welt, inmitten unseres eigenen Leidens beten, dann haben wir etwas Wahres über das Beten und das Segnen gelernt. Dann können wir wahrhaft sagen, dass Gott Gott ist, dass er der Einzige ist, der unseren Lobpreis und Anbetung verdient. Wenn wir den Lobpreis in der Liturgie fortführen, wenn wir Gott in widrigen Umständen genauso anerkennen wie in glücklichen Tagen, dann verstehen wir immer tiefer, wer wir sind in Beziehung zu Gott. Die Liturgie kann man am besten feiern, wenn wir unser tägliches Leben vor den heilenden und tröstenden, versöhnenden und erleuchtenden Gott und sein Wirken bringen. Dort lernen wir die Sprache des Gebetes sprechen. Wir werden umgestaltet und unser Blick für die Dinge wird erleuchtet, wenn wir immer wieder die Hymnen der Danksagung und des Lobpreises wiederholen und wenn wir mit den Engeln unsere Stimmen erheben, um die Macht der göttlichen Liebe zu verkündigen: *Heilig, Heilig, Heilig, Gott, Herr aller Mächte und Gewalten.* Die Liturgie ist eine Schule, um uns daran zu erinnern, wer Gott seiner Verheißung nach ist. Und indem wir uns daran erinnern, wer Gott für uns gewesen ist, können wir uns dann erinnern, wer Gott sein *wird.* Und wir können uns daran erinnern, dass Gott Gott ist — und dass er *jetzt* kommt und uns rettet!

Anregung zum Gebet

Nehmen Sie in einem ruhigen Moment einen Stift und unterstreichen Sie in einem alten Messbuch im Ablauf der

Messe die Äußerungen über das, was Gott für uns getan hat. Umranden Sie die Worte: Lobpreis, Danksagung und Freude. Lesen Sie einige Texte der Lesungen und unterstreichen Sie Worte, die die Stellung des Menschen in all ihrer Dramatik und Komplexität ausdrücken. Benutzen Sie das Messbuch bei der Messe, um tiefer in das Geheimnis der Liturgie einzudringen, in der Gott uns mit Macht und Liebe trägt und heilt.

Wenn Sie sich in einer Depression befinden

Machen Sie eine Liste mit fünf Leuten, die Sie bitten könnten, zu Ihrem Hilfsteam zu gehören. Schreiben Sie für sich auf, worum Sie sie bitten möchten.
Nachdem Sie diese Leute angesprochen haben, fangen Sie an, sich mit ihnen zusammenzuschließen. Bilden Sie ein Team von Leuten, die Ihnen Beistand und Freundschaft bieten können, wenn Sie sie nötig haben.

Wenn sich ein Freund von Ihnen in einer Depression befindet

Erkennen Sie, ob Sie im Umgang mit Ihrem Freund, der an einer Depression leidet, Klischees verwenden. Wenn dem so ist, dann versuchen Sie stattdessen zu fragen: «Kannst Du mir sagen, wie das für Dich ist?» Schließen Sie ihn manchmal in Ihre Freizeitaktivitäten ein.

Vorschläge, um Hilfe zu finden

Nicht alle Vorschläge sind für jeden immer hilfreich oder möglich. Wählen Sie diejenigen aus, die in diesem Augenblick am geeignetsten für Sie sind.

– Reden Sie mit einem guten Freund.

– Bieten Sie jemandem Ihre Hilfe an.

- Gehen Sie in eine Selbsthilfegruppe.
- Üben Sie mit jemandem zusammen ein Hobby aus.
- Richten Sie es ein, mit anderen zusammen zu sein.
- Verbringen Sie Zeit mit einem Haustier.
- Besuchen Sie mit einem Freund zusammen die Messe.
- Gehen Sie mit jemandem spazieren.
- Rufen Sie eine Notfallklinik oder eine Telefonhotline an.
- Treiben Sie Sport mit jemandem zusammen.
- Beteiligen Sie sich zusammen mit einem Freund an Aktivitäten Ihrer Gemeinde.
- Plaudern Sie mit einem Familienmitglied.
- Verbringen Sie Zeit mit guten Freunden.
- Lassen Sie sich fest in den Arm nehmen von jemandem, dem Sie vertrauen.
- Reden Sie mit jemandem aus Ihrer Gemeinde.
- Beten Sie.
- Suchen Sie die Gesellschaft von Leuten, die Sie nicht kritisieren, beurteilen oder ändern wollen, sondern die Sie als den akzeptieren, der Sie zu diesem Zeitpunkt in Ihrem Leben sind.
- Seien Sie zufrieden mit sich selbst und versuchen Sie nicht, den Erwartungen der anderen gerecht zu werden.

3. «Warum heilt Gott mich nicht?»

«Ich bin der elendste Mensch auf Erden. Wenn meine Gefühle in gleichen Teilen auf die ganze Menschheit verteilt würden, dann gäbe es kein einziges vergnügtes Gesicht hienieden. Ob es mir jemals besser gehen wird, ich kann es nicht sagen. Ich ahne mit Schrecken voraus … es wird mir nicht besser gehen. Unmöglich, dass es so bleibt wie jetzt. Es scheint, als müsste ich sterben oder geheilt werden.»

Abraham Lincoln

«In den letzten 15 Jahren habe ich einige Male mit wiederkehrenden Depressionen zu kämpfen gehabt. Als ich das erste Mal eine ernsthafte Depression hatte, bin ich zur Therapie gegangen und habe meine Verletzungen und unterdrückten Gefühle aus der Vergangenheit aufgearbeitet. Als ich das zweite Mal eine Depression bekam, war ich überrascht. Ich dachte, ich hätte ein für alle Mal alles aufgearbeitet. Ich betete in diesem Anliegen. Tatsächlich habe ich ziemlich verzweifelt gebetet. Im Rückblick erkenne ich, dass ich es als ein Versagen empfand, als hätte ich es beim ersten Mal nicht «richtig» gemacht. Gott hat mich Schritt für Schritt erkennen lassen, dass all dies ein wichtiger Teil meines Lebens und meines geistigen

Weges ist. Jedes Mal, wenn ich meine Probleme und meine Vergangenheit durchgearbeitet habe, war es auf einer tieferen Ebene, und ich wurde gesünder und ausgeglichener. Mir wurde bewusst, dass sich jedes Mal, wenn ich mit der Depression kämpfte, meine Beziehung zu Gott änderte. Ich konnte Gott mehr vertrauen. Tatsächlich haben sich alle meine Beziehungen verändert: zu mir selbst und zu den anderen.»

Pat

Die Depression beeinflusst die Gedanken eines Menschen, seine Stimmung, seine Gefühle, sein Verhalten und seine gesamte Gesundheit. Keine wissenschaftliche Terminologie kann den Grad des Schmerzes erfassen, den diejenigen erleben, die an einer Depression leiden.

Träume, denen wir zuvor nachhingen, scheinen sich aufzulösen. Schönheit, die uns einst inspirierte, besteht nicht mehr. Anstelle dessen kann der Kopf voller negativer Gedanken sein: «Ich habe versagt. Ich bin wertlos. Meine Ansichten sind bedeutungslos. Alles ist mein Fehler. Ich weiß nicht, was mit mir passiert. Warum fühle ich mich so? Ich habe Gott gebeten, mir zu helfen. Warum *tut* er nichts?»

Jeanne, eine Freundin, hat mir einmal anvertraut, wie sie damit zu kämpfen hatte, wo Gott denn war während der traumatischen Erfahrungen, die sie in ihrer Kindheit gemacht hat. «Eines Tages redete ich zu Gott darüber, wie ich sexuell missbraucht worden war, und ich schrie voller Zorn zu Jesus: "Wo warst Du, als er mir das angetan hat?" In meinem Herzen hörte ich Jesus antworten: "Ich war mit Dir und habe geweint." Als ich weiterbetete, verstand ich, dass Jesus da gewesen war bei mir während des Missbrauchs und dass er es verabscheut hatte, zuzusehen, wie ich verletzt wurde. Doch ich verstand auch, dass er weiterhin bei mir war, als ich die Erinnerungen durcharbeitete, dass er mich erleuchtet hatte, mir Kraft und Mut gegeben und mich geheilt hatte.»

Meistens wundern sich diejenigen unter uns, die mit Depressionen kämpfen, warum Gott nichts tut, um uns zu helfen. Oft ist es unsere letzte Hoffnung auf Hilfe, um ein Wunder zu beten. Da wir fühlen, dass wir selbst nichts tun können, hoffen wir, dass Gott es kann. Wenn Gott das erwartete Wunder nicht wirkt, dann fragen wir uns, ob Gott sich überhaupt um uns kümmert. Oder wir denken vielleicht, dass Gott uns für vergangene Fehltritte bestraft. Aber Gott geht meistens nicht so mit uns um, dass er die Naturgesetze außer Kraft setzen würde. Wenn *alles*, was wir erhofften, ein physisches Wunder wäre, dann könnte es so aussehen, als ob Gott sich nicht für unsere Notlage interessierte. Oder als ob er beschlossen hätte, dass wir aus irgendeinem mysteriösen Grund leiden sollten.

Nicht mehr versuchen, die Depression wegzukriegen

In meiner eigenen Erfahrung der Depression musste ich lernen, meine Hilflosigkeit einzugestehen. Alle meine Versuche, meine Depression wegzukriegen, waren eben nur das — *meine* Versuche. Ich hatte es geschafft, meinen eigenen Kampf mit der Depression mit Hilfe von Gedanken und intellektueller Verarbeitung zu «verwinden». Ich hatte soviel wie möglich dazugelernt. Ich verstand die Ursachen meiner Depression und kraft meines Verstandes schritt ich weiter voran. Ich wusste, auf welche Art und Weise die Depression mein Leben zerriss. Ich bekam heraus, was ich tun musste, damit es mir besser ging. Ich wurde Expertin im Analysieren von Verteidigungsmechanismen. Ich machte mich daran, alles zu tun, was ich tun sollte. Ja, *ich* tat es. Alles sollte funktionieren. Und das tat es! Nun, es funktionierte und es funktionierte auch wieder *nicht*. Es war so, als ob ich eine Operation nötig hätte. Doch alles, was ich auf eigene Faust — ohne Chirurg — tun konnte, war, Medikamente und Vitamine einzunehmen. Die Medikamente und Vitamine haben zweifellos geholfen. Siebzehn Jahre lang haben sie mein Leben erträglich und ruhig gemacht. Doch ohne Operation war ich immer noch dabei, zu kämpfen. Ehrlich gesagt, ich brauchte nicht irgendeinen Chirurgen. Ich brauchte den göttlichen Chirurgen. Ich brauchte ein Wunder.

«Tränen waren mein Brot bei Tag und bei Nacht.»
Psalm 42,4

Und über mehrere Tage hinweg nahm mich der göttliche Chirurg in seine Obhut. Es war auf den alljährlichen Exerzitien, ganze acht Tage, die ausschließlich dem Gebet vorbehalten waren. Sofort zu Beginn der Exerzitien merkte ich, dass ich den Wunsch hatte, die Passion, den Tod und die Auferstehung Jesu im Johannesevangelium zu betrachten (Kapitel 18 — 21). Die Szenen wurden in meiner Vorstellungskraft und in meinem Herzen lebendig. Ich sah Jesus, wie er vor Pontius Pilatus und seinen Anklägern stand. Ich wunderte mich: "*Wie kann Jesus so dastehen, während alle nach seinem Tod schreien? Wie kann er so ruhig bleiben?*" Als ich mich so vollständig in diese Szene hineinversetzt hatte und Jesu Gelassenheit gespürt hatte, hörte ich, wie Jesus ruhig zu der Menge sagte: «Ja, nehmt mich. Macht mit mir, was Ihr wollt, denn mein Tod wird Eure Erlösung sein.» Ich sah, wie der Vater Jesus fest in den Arm nahm. «Gib Dich ihnen hin», sagte der Vater zu seinem Sohn, «ich könnte Dich niemals verlassen, was auch immer passieren mag. Ich bin mit Dir. In meinen Armen bist Du sicher.» Nach langem Beten wurde mir bewusst, dass der Vater genauso in mir war wie in Jesus. Auch mich hielt er fest. «Habe keine Angst. In meinen Armen bist Du sicher.»

An einem anderen Tag betrachtete ich Jesus, wie Pilatus ihn gerade zum Tode verurteilt und seine Hände von allem rein gewaschen hatte. Ich sah, wie Jesus weggezerrt wurde von Menschen, die seinen Tod wollten. Der Augenblick des Entsetzens, das ich fühlte, als sein letzter Gang durch Jerusalem begann, war unerträglich. Ich betete mehrere Stunden lang, mit diesem Entsetzen im Herzen und mit dem Wunsch, Jesus zu trösten, ihm zu sagen, dass ich für ihn da war und ihn nicht allein lassen würde.

Eines Tages stand ich im Gebet unter dem Kreuz und sank zu seinem Fuße zu Boden, nachdem Jesus gestorben war. Ich hatte Jesus gesagt, dass ich ihn nicht allein lassen würde, und so blieb ich dort und hielt Wache. Stundenlang behielt ich das Kreuz vor Augen und fühlte das Leid, das Maria gefühlt haben musste, während ich um den Mut bat, unter dem Kreuz auszuharren. An diesem Punkt machte mich der Exerzitienleiter darauf aufmerksam, dass Gott hier die Erfahrung Jesu und meine eigene zusammenbrachte. Als ich zum Gebet zurückkehrte, begann ich zu weinen. Mehrere Stunden lang, im Gebet vor dem Allerheiligsten, wechselten sich Szenen meines Krankenhausaufenthaltes wegen meines Schlaganfalls vor so vielen Jahren ab mit Szenen von Jesu Passion und Tod. Es war, als ob ich einen Film sähe. Meine Augenblicke der Einsamkeit und Angst wechselten sich ab mit Jesu Einsamkeit und Angst. Stundenlang weinte ich untröstlich — Tränen für siebzehn Jahre. Gott umarmte mich wirklich ganz fest und sagte: «Habe keine Angst hiervor. Ich halte Dich fest, und nichts kann Dich treffen.»

Diese reinigenden Tränen begannen einen Heilungsprozess, ein Wunder der Liebe Gottes für mich, als ich anfing, über meine «Passion» zu beten. Genauso wie ich in jenem Gebet unter dem Kreuz ausgeharrt hatte, nachdem Jesus gestorben war, genauso sah ich Jesus jetzt am Boden sitzen am Fuße meines Krankenhausbettes und bei mir ausharren. So wie ich bei Jesus gewacht hatte, so wachte er jetzt bei mir. Die vielen einsamen Jahre des Kämpfens mit den Folgen meines Schlaganfalls und den Depressionen, die darauf folgten, wurden in diesem Gebet «geheilt». Gott hat mich nicht auf wundersame Weise von der Temporallappenepilepsie geheilt. Stattdessen begann ich zu sehen, dass Gott auf den richtigen Moment gewartet hatte, um mich «am Arm zu nehmen» und mich zu sich hinzuziehen. Und das, obwohl ich mich in genügend großem Abstand zu Gott gehalten hatte, um mich vor dem zu schützen, was Gott mir noch so «antun» könnte. Ich erhielt nicht die wundersame Heilung, die ich gewünscht hatte. Ich erhielt etwas Besseres.

Gott hat niemals versprochen, dass wir ein Leben frei von Leiden leben würden. Gott hat versprochen, dass nichts uns von seiner Liebe und Fürsorge trennen könnte. Oder wie ein Arzt es einmal formuliert hat: «Haben Sie keine Angst vor dem Schlimmsten, das Ihnen passieren könnte. Es wird passieren, aber es ist nicht von Bedeutung!» Als ich diese Worte zum ersten Mal hörte, konnte ich mein Gefühl dabei nicht klar in Worten ausdrücken. Doch ich wusste instinktiv, dass sie die Wahrheit waren.

Ein Sakrament der Heilung

Das Sakrament der Versöhnung ist keine länger andauernde Erfahrung wie es Exerzitien sind. Doch es ist ein bevorzugter und leicht zugänglicher Ort, um der Heilung durch Jesus zu begegnen. Wenn man die Beichte erwähnt, kommen unglücklicherweise manchmal unerfreuliche Bilder hoch. Man könnte sich auch fragen, was das Beichten der Sünden überhaupt mit Depression zu tun hat. Ich brauche einen Therapeuten, keinen Priester.

Therapeuten sind in der Tat ein wunderbarer Gewinn auf dem Wege der Gesundung, und manchmal sind sie unerlässlich. Auch das Reden mit einem Freund über die Erfahrung, die Sie mit der Depression gemacht haben, ist hilfreich. Doch das Sakrament der Versöhnung bietet einen besonderen Raum der Begegnung mit Gott und mit uns selbst, der nirgendwo nachgebildet werden kann.

Wenn die Menschen an das Sakrament der Versöhnung denken, dann denken viele vielleicht an die Beschämung, vor einer anderen Person ihre «Sünden aufzulisten». Was ich hingegen vorschlage, ist, sich vorzustellen, dass Jesus mit seiner Liebe in unser Chaos eintritt. Nicht die Liste unserer Sünden, sondern gerade unser Chaos hat es nötig, in diesem Sakrament zu Jesus gebracht zu werden.

Unsere eigene Vision davon, wer wir sind und wie wir die Würde unserer Taufe am authentischsten leben wollen, kann verzerrt werden durch die Verwirrung, die niederdrückende Traurigkeit, die Enttäuschung, die Schuld, das Gefühl des Verlustes, die mit der Depression einhergehen. So können wir zum Beispiel eine schwere Depression fälschlicherweise für den Verlust des Glaubens halten. Oder wir halten die für die Krankheit typische Reizbarkeit für Ungeduld. Wir halten die Symptome unserer Krankheit für schweres Versagen gegenüber Gott. Das Sakrament der Versöhnung ist ein Ort, an dem wir unser ganzes Chaos in den Kontakt mit der heilenden Liebe Gottes bringen.

«Manchmal ist sogar leben eine mutige Handlung.»
Seneca

Wie können Sie das anfangen? Zunächst, wenn möglich, wählen Sie einen Priester aus, bei dem Sie sich wohl fühlen, um das Sakrament zu feiern. Wenn Sie einen Priester gefunden haben, bei dem Sie fühlen, dass Sie ihm vertrauen können, dann fragen Sie ihn, ob Sie ungefähr einmal im Monat einen Termin zur Versöhnung machen können (oder stellen Sie Ihren Terminplan so um, dass er mit dem Beichtplan in der Gemeinde übereinstimmt). Dann teilen Sie ihm allmählich relevante Informationen über Ihre Diagnose mit oder über das, was Sie durchmachen. Liefern Sie ihm dadurch den Zusammenhang für das, was Sie im Sakrament vor den Herrn bringen. Drittens teilen Sie dem Priester mit, was Ihnen Schuldgefühle macht. Wie schon gesagt, können die Menschen, die an einer Depression leiden, es schwierig finden, zwischen Sünde und der Kraft ungeordneter Emotionen zu unterscheiden. Die Depression kann unsere Sichtweise von uns selbst verdrehen. Im Sakrament der Versöhnung kann man erkennen, wie Gottes Sicht auf unser Leben aussieht.

Es ist sehr nützlich, für dieses Sakrament immer zu demselben Priester zu gehen, weil er Ihre besonderen Schwierigkeiten und Umstände besser verstehen wird. Ich ging eine Zeitlang zu verschiedenen Priestern zur Beichte, doch die besonderen Schwierigkeiten, die ich als direkte Folge der Depression erlebte, wurden oft missverstanden, weil sie mich oder meine Geschichte nicht kannten. Ich bekam weit auseinander gehende Ratschläge, einige weniger hilfreich als andere, weil die Priester den Zusammenhang nicht kannten, um das zu verstehen, was ich sagte.

Als ich einen Priester fand, dem ich zutraute, meine Situation zu verstehen, war ich in der Lage, meine Geschichte zu erzählen, meine Kämpfe und meine tagtäglichen Versuche, im Einklang mit dem Evangelium zu leben. Sobald ich einmal von ihm gelernt hatte, die Auswirkungen der Depression von der Sünde zu unterscheiden, war es mir möglich, das Mitleid zu erfahren, das der Herr für mich hatte. Mein Beichtvater war in der Lage, mir zu helfen, zu entdecken, wie Gott in meinem Leben wirkte. Je mehr er mir half, meinem Kampf mit der Depression als das zu akzeptieren, was es war, desto mehr fühlte ich Ehrfurcht vor Gottes Gegenwart und seiner sanften Heilung.

Oft folgt die Depression auf eine Verletzung. Ob jemand nun die Narben eines Missbrauchs in der Kindheit trägt oder ob er den Verlust eines geliebten Menschen betrauert — irgendwo an der Wurzel Ihres Schmerzes ist die wundersame Möglichkeit, zu vergeben: Den anderen zu vergeben, uns selbst zu vergeben oder sogar Gott zu vergeben. Das regelmäßige Feiern der Versöhnung, während man seine persönlichen Probleme mit einem Therapeuten oder Berater durcharbeitet, kann das sanfte, heilende Geschenk der Gnade bringen. Diese wird uns allmählich zu jenem Punkt der Vergebung bringen, der ein grundlegendes Element ist, um emotionale Gesundheit zu erlangen.

Welch eine Erleichterung zu wissen, dass nicht alles von uns abhängt! Wir können uns an die Kirche anschließen, an die Gemeinschaft der Gläubigen, an die Barmherzigkeit Jesu durch das Sakrament der Barmherzigkeit, dem Sakrament der Heilung. Wir können darauf zählen, dass Gott auf unserer Reise zum Heil *zu* uns steht und *für* uns eintritt.

Trauen wir dem Heilungsprozess

Jede Heilung ist wundersam, und sogar wenn es uns unmöglich ist, zu fühlen, dass wir an irgendetwas glauben, so heilt Gott uns dennoch *weiterhin* auf wundersame Art und Weise. Im allgemeinen geht die Heilung allmählich vonstatten. Sie ist selten dramatisch. Oft kommt sie in Form einer einfachen Geste, die ein Mensch auf den anderen zu macht. An unerwarteten Orten und durch nichts ahnende Menschen kommt Gott in unser Leben. Durch die Krankheit einer Person kann Gott eine andere Person heilen, die zu Hilfe kommen will. Des einen Weg zur Gesundung mag des anderen Rettung sein. Oder Gott kann durch das Leiden dem Leidenden helfen, einen tieferen Sinn im Leben zu finden. Es ist alles ein Mysterium. Was wir indes wissen, ist, dass Gott mit jedem und mit allem für unsere Rettung arbeitet. Gott hält uns fest. Er wird uns niemals verlassen. Heilung ist ein Prozess. Sie braucht Zeit. Aber wir können dem Prozess vertrauen, egal wie lange er braucht. Nichts ist jemals ein Umweg in unserem Leben.

Heilung kann beginnen, wenn wir es annehmen, dass wir uns nicht selber kurieren können. Wir müssen «ja» sagen zu unserer Machtlosigkeit und damit aufhören, nach Wundern gemäß unseren Bedingungen zu verlangen. Wenn wir von Gott Dinge verlangen, dann hören wir nicht auf, von dort wegzulaufen, wo wir uns gerade befinden. Wenn wir das tun, dann erlauben wir Gott nicht, uns zu heilen. Unsere Bereitschaft, unsere Machtlosigkeit zu erfahren, beinhaltet bereits den

Anfang der Hingabe an Gottes Handeln an uns. Je mehr wir die Macht über unser Leben loslassen, desto mehr werden wir mit dem Einen, der uns heilen kann, in Berührung kommen.

Anregung zum Gebet

Hier ist eine Zusammenfassung zum Sakrament der Versöhnung, wenn Sie dieses Geschenk des barmherzigen Gottes gerne feiern möchten:

Bereiten Sie sich vor. Nehmen Sie sich Zeit für ein Gebet und erinnern Sie sich an positive Augenblicke in Ihrem Leben seit Ihrer letzten Beichte, die voller Licht, Gnade, unerwarteter Güte und Frieden waren. Was sagen Ihnen diese Augenblicke? Seien Sie konkret, schreiben Sie es auf. Dann denken Sie darüber nach, was Ihnen in Ihrem Leben Sorgen bereitet. Gibt es etwas, das Sie gewählt haben, bestimmte Denkarten, ein bestimmtes Verhalten, Wünsche, die Ihre Beziehung zu Gott, zur Kirche, zu anderen oder zu sich selbst unmittelbar schwächen? Gibt es Aspekte in Ihrem Leben, die Sie traurig machen, verwirren oder frustrieren, die Sie gerne vor den Herrn bringen würden? Worin hat Gott Sie gesegnet oder worin sind Sie gewachsen seit Ihrer letzten Beichte?

Machen Sie einen Termin aus, um das Sakrament zu feiern. Sie können den Priester Ihrer Pfarrgemeinde anrufen oder mit einem Priester sprechen, den Sie kennen oder zur vorgesehenen Zeit zur Beichte in Ihre Pfarrgemeinde gehen.

Sie sollen wissen, dass Sie willkommen sind. Sie und der Priester können sich begrüßen. Der Priester kann Sie auffordern, auf Gott zu vertrauen. Wenn der Priester ihr regulärer Beichtvater ist, möchten Sie ihm vielleicht irgendetwas Wissenswertes mitteilen.

Bekennen Sie Ihre Sünden. Teilen Sie dem Priester Ihre Sünden mit. Sie können sich die Zeit nehmen, Ihre Schwierigkeiten zu besprechen, zum Beispiel: «Vater, ich weiß, dass ich viel liebevoller mit meinen Kindern umgehen sollte, aber mit diesem neuen Medikament, das ich nehme, kann ich nachts kaum schlafen. Ich bin so müde. Aber ich möchte meine Sorgen vor den Herrn bringen, dass ich zur Zeit nur wenig für die Kinder da sein kann, und ich möchte Gott um die Kraft bitten, in der Liebe und in der Geduld zu wachsen. Ebenso auch in der Dankbarkeit meinem Mann gegenüber, der besonders geduldig mit mir war.» Der Priester kann mit Ihnen über das Gesagte sprechen.

Nehmen Sie Ihr Bußwerk an. Der Priester wird Ihnen ein Gebet oder ein Bußwerk empfehlen, um die Aufrichtigkeit Ihrer Reue erkennen zu lassen. Wenn es Ihnen zu schwierig erscheint, dann lassen Sie es den Priester wissen.

Beten Sie um Vergebung. Der Priester wird Sie dazu einladen, laut ein Reuegebet zu sprechen. Sie können ein herkömmliches Reuegebet sprechen oder mit Ihren eigenen Worten mit Gott reden.

Empfangen Sie die Lossprechung. Der Priester spricht die Worte der Lossprechung, und Gott vergibt Ihnen Ihre Sünden.

Abschluss. Der Priester kann folgendes sagen: «Dankt dem Herrn, denn er ist gütig.» In diesem Fall können Sie antworten: «Sein Erbarmen währt ewig.» Oder der Priester schließt das Gespräch auf informelle Weise.

Verrichten Sie Ihr Bußwerk so rasch wie möglich nach der Beichte.

Wenn Sie sich in einer Depression befinden

Bringen Sie die Geschichte Ihrer Depression zu Papier und halten Sie dabei insbesondere nach den kleinen «Wundern» am Wegesrand Ausschau, die Gottes Gegenwart und Fürsorge erkennen lassen.
Das können Menschen sein, die in Ihr Leben getreten sind. Erfahrungen, die Sie gemacht haben, eine Gebetserhörung, eine Information oder eine Behandlung, die Ihnen ein neues Verständnis Ihrer Krankheit gegeben haben. Oder auch die Versöhnung mit einem Freund oder Familienmitglied. Oder die gefühlte Gegenwart Gottes während eines Spaziergangs oder während des Betens.

Wenn sich ein Freund von Ihnen in einer Depression befindet

Auch wenn sich ein Freund von Ihnen in einer Depression befindet, kann das Sakrament der Versöhnung doch für Sie selbst ein besonderer Augenblick sein. Indem Sie dem Priester die Höhen und Tiefen, die Schwierigkeiten und Kämpfe einer solchen Freundschaft anvertrauen, kann das Sakrament zu einem Ort für Sie werden, an dem sich echtes Wachstum in der Liebe und in der Hingabe ereignen können. Teilen Sie dem Priester die Zusammenhänge Ihrer Kämpfe und Ihrer Grenzen mit (ohne Namen zu nennen). Sagen Sie ihm auch, wo Sie in der Beziehung zu Ihrem Freund das Gefühl hatten, mehr zu nehmen als zu geben. Die Versöhnung ist ein Moment der Gnade, in dem Sie Ihre Freuden und Ihre Wünsche, Ihre Kämpfe und Schwächen vor den Herrn bringen können. Ein Ort, an dem Gott aus Ihnen nach und nach einen Freund nach seinem Herzen macht.

Grundlegende Regeln, um die Depression zu überleben

- Sorgen Sie für acht Stunden Schlaf pro Nacht. Bleiben Sie danach nicht länger im Bett, und verkürzen Sie die Zeit auch nicht.
- Gehen Sie in der Zeit zwischen 11 Uhr und 14 Uhr spazieren. Das helle Tageslicht hat eine antidepressive Wirkung. Diese Übung verleiht Ihnen mehr Energie.
- Konsumieren Sie keinen Alkohol und keine weichen Drogen. Diese führen zu Depressionen und hindern Antidepressiva daran, wirksam zu sein.
- Achten Sie auf einen ausgewogenen Speiseplan.
- Machen Sie sich einen Zeitplan.
- Nehmen Sie Ihre Medikamente so ein wie in der Verordnung beschrieben.
- Vermeiden Sie Produkte, die Aspartam enthalten. Studien haben gezeigt, dass diese Produkte bei jemandem, der bereits unter einer Depression leidet, diese verstärken können.
- Besorgen Sie sich einen Vogel oder ein anderes leicht zu pflegendes Haustier. Das Haustier leistet Ihnen Gesellschaft, und Sie können darüber leicht mit anderen ins Gespräch kommen.
- Suchen Sie unter Ihren Freunden einen aus, mit dem Sie jeden Tag sprechen können. Wenn Sie depressiv sind, fällt es Ihnen vielleicht schwer, aus den eingefahrenen Gleisen auszubrechen und eine destruktive Denkweise zu überwinden. Auch ein kurzes Telefongespräch von wenigen Minuten kann Ihnen schon dabei helfen, die Dinge in einem anderen Licht zu sehen. Die regelmäßige

«Verabredung» zu einem kurzen Telefongespräch kann das Gefühl der «endlosen» Depression unterbrechen.

- Sportliche Betätigung — und sei es nur ein flotter Spaziergang — wird Ihnen mehr Energie verleihen.
- Führen Sie ein Tagebuch.

4. Wo fange ich an?

«Die einzige Person, die wählen kann, Ihr Leben zu leben, sind Sie. Sie müssen für sich selbst entscheiden, dass Sie sich mit dem Schmerz auseinandersetzen wollen.»

Ruth

«An einem Karfreitag kämpfte ich besonders mit geistigen Qualen und war der Verzweiflung nahe. Dann hörte ich plötzlich, wie Jesus sagte: «Du teilst mein geistiges Leiden während meiner Passion.» Auf einmal war ich im Frieden und konnte mich Gottes Willen überlassen und aufs neue versuchen, meine Krankheit anzunehmen.»

Linda

Ich begegnete Leanne, einer Kollegin an der Weston Jesuit School of Theology, am Tage unserer Abschlussfeier. Sie war eine so freundliche und spirituelle Person, dass ich niemals die Kämpfe vermutet hätte, die sie in den letzten drei Jahren durchgemacht hatte, wenn sie nicht während unserer Unterhaltung einige kurze Hinweise darauf hätte fallen lassen. Sie erwähnte kurz, dass ihr Mann sich während ihrer Zeit an der Weston School von ihr hatte scheiden lassen und dass ihr die

Teilnahme ihrer drei Kinder im Teenager-Alter an der Abschlussfeier und an der Abschlussmesse ihr sehr viel bedeutete.

> «Nach 22 Jahren musste ich das Ende unserer Ehe hinnehmen. Ich musste drei Teenager aufziehen, die sich einem Verlust gegenüber sahen, der ihr Leben für immer verändert hat. Ich hatte mit ernsthaften gesundheitlichen Problemen zu kämpfen, mit zwei größeren Operationen in einem Jahr. Und ich musste mich durch das Studium an der Theologieschule kämpfen. All das verursachte bei mir eine schwere Depression.
>
> Der höchst erfolgreiche und perfektionistische Teil meiner Persönlichkeit war irgendwie immer von dem anderen Extrem meiner Persönlichkeit, nämlich dem fürsorglichen Teil, unter «Kontrolle» gehalten worden. Ich war in meinen eigenen Augen nie gut genug, und ich konnte den anderen nie genug geben. Wenn ich mich meinen neuen Lebensaufgaben zuwenden wollte, bedeutete das für mich: Ich musste die Waffen strecken und begreifen, dass ich Hilfe brauchte. Ich war eine Frau auf der Suche nach einer neuen Identität. Ich war jemand, der in den Abgründen der Perfektion und der Fürsorge für andere verloren war und der jeden liebte ...nur sich selbst nicht.
>
> Ich erinnere mich daran, wie ich eines Tages nach meiner zweiten OP auf dem Boden in unserem Wohnzimmer lag und mich äußerst hilflos fühlte. Alles in mir und an mir tat weh. Meine Hüfte war wund infolge der Operation, und mein Herz war wund infolge der Isolation und der körperlichen

Unbeweglichkeit. Noch im Jahr zuvor hatte ich jeden Tag zehn Kilometer laufen können. Jetzt lag ich da und sah quer durch den Raum zu den Krücken, von denen ich geraume Zeit abhängig sein würde.

Meine Mutter war da, um mir zu helfen, und ich glaube nicht, dass ich es ohne ihre nicht nachlassende Unterstützung geschafft hätte. Die Atmosphäre im Zimmer war an diesem besonderen Tag durch einen außergewöhnlichen Frieden gekennzeichnet, trotz des Schmerzes. Ich begann zu weinen. Mama sagte zu mir: «Es wird Zeit, dass Du Hilfe für Deine Seele bekommst.» Sie hielt einen Moment inne und fügte hinzu: «Seit fast einem Jahr lebst Du nun mit körperlichen Schmerzen. Dein Mann misshandelt Dich verbal. Du hast drei Kinder, die dich sehr lieben und die mehr leiden, als Du es ahnst. Leanne, Du bist jemand ganz Besonderes und Du kannst da durchkommen. Du kannst die Hilfe bekommen, die Du wirklich möchtest und die Du wirklich brauchst.»

Ich stand auf und rief meinen Hausarzt an, damit er mir einige Psychotherapeuten nennen sollte. Er gab mir eine Liste mit Namen, einer davon war der seiner Frau. Er sagte mir, dass sie ein zutiefst spiritueller Mensch sei und dass ich sie kontaktieren solle. So begann mein Weg.

Als ich die Therapie begann, suchte ich auch nach geistiger Führung. Diese bedeutete auch eine wöchentliche Verpflichtung zu den geistigen Übungen nach dem Heiligen Ignatius. Der Priester, der mein geistiger Führer war, half mir sehr und führte

mich durch ein Gebet, das mich dazu ermutigte, Gott um Hoffnung und Heilung zu bitten. Weißt Du, ich hatte mich nie würdig gefühlt, Gott darum zu bitten, mich von meinem Schmerz zu befreien.
Mein Therapeut half mir dabei, einen Knoten zu entwirren, der mit dem Tode meiner Schwester seinen Anfang genommen hatte, als ich gerade fünf Jahre alt war. Ich hatte niemals aufgehört, mir die Schuld daran zu geben, dass sie ihren Krebs nicht besiegen konnte. Viele Jahre hindurch hatte ich das Gefühl gehabt, dass ich das Richtige hätte tun sollen, um sie zu retten. Natürlich war ich mit der aufrichtigen Vorstellung groß geworden, dass ich alle, die ich liebte, vor Schmerz und Leid bewahren müsse. Mit diesem fest verwurzelten Ideal hatte ich jetzt viel zu tun, um mir selbst zu erlauben, meine Trauer, die in mir aufgestaut war, zu fühlen und zu verarbeiten. Unter vielem anderen musste ich mich von der Last des Todes meiner Schwester befreien.
Ich erkannte auch, dass eine Depression sich dann entwickelt, wenn die Leute nicht wirklich wissen, wer sie sind und welches ihr Ziel ist. Im Drehbuch meines Lebens gab es so etwas wie meine eigene Identität gar nicht …
Zwei Jahre lang arbeitete ich mit meinem Therapeuten und mit meinem geistigen Leiter. Ich sah es als Gnade, dass beide ihre Rolle in meinem Heilungsprozess schätzten und einhielten. Medizinisch gesehen blieb ich bei meiner physikalischen Therapie, sportlicher Betätigung und bei einer sehr geringen Dosis von Prozac. Der Schmerz kam und ging. Morgens stand ich auf und schaffte es, durch

> den Tag zu kommen — und es waren sehr anstrengende Tage. Oft bin ich auch zusammengebrochen — nur um wieder aufzustehen, immer stärker und entschlossener, dieses Rennen zu machen.
> Ich habe mir das Geschenk eines unterstützenden Netzwerkes von guten Freunden, von meinem Pastor und meinen Professoren gemacht. Die Leute sahen, wie ich Fortschritte machte und halfen mir auf eine so vielfältige Art und Weise, wie ich sie mir nicht hätte vorstellen können. Das Wichtigste war, dass ich ihre Liebe und Unterstützung anzunehmen lernte. Schließlich war ich in der Lage, zu lernen, wer ich war, was mein Ziel war und dass ich mich mehr und mehr und mehr lieben sollte.
> Meine Beziehung zu Gott wurde tiefer und tiefer. Die vertraute Gegenwart Gottes durch meine schwierigen Tage hindurch lehrte mich über das Leiden. Ich lernte, so zu beten, dass ich allmählich begriff, wie nah Gott mir war. Ich lernte zu vertrauen, mich hinzugeben, zu hoffen und zu lieben. Ich lernte, dass ich «auf dem Weg» nach oben war, dass ich aufstieg zu Gott — einem Gott der Hoffnung, des Heils und der Liebe.

Wenn Sie, wie Leanne, lange genug an Depression gelitten haben, oder wenn Sie einen solchen Menschen kennen, dann wissen Sie, wie unüberwindlich die Hindernisse scheinen, um sich wohl zu fühlen. Dieses Kapitel handelt von den ersten Schritten, die Sie unternehmen können.

Erziehen Sie sich selber

Recherchieren Sie alles, was im Internet über Stimmungsschwankungen zu finden ist. Lesen Sie Bücher. Fragen Sie Ihren Arzt. Machen Sie Selbst-Tests, die Sie online oder in Büchern finden können. Wenn auch keine dieser Quellen umfassend sein wird, so wird das gewonnene Wissen Sie doch dazu bemächtigen, besser informiert Ihre Entscheidungen zu treffen. Auf Ihrem Weg zum Wohlbefinden werden Sie viele Entscheidungen treffen müssen: Über verschiedene medizinische Behandlungsmöglichkeiten, Änderungen in der Lebensweise, Einschätzung Ihrer beruflichen Karriere, Entscheidungen über Beziehungen, Ihr Lebensumfeld und Ihre Freizeit. Vielleicht entdecken Sie, dass die Enttäuschung über eine berufliche Entscheidung zu Ihrer Depression beiträgt, und es mag sich ein neuer Pfad für Sie auftun. Wenn Sie Kinder haben, könnten Sie vielleicht Ihren Erziehungsstil überdenken. Eine destruktive Beziehung oder eine besonders ungesunde Ernährungsweise können ebenfalls zur Depression beitragen. Je mehr Sie über Stimmungsschwankungen und ihre Ursachen wissen, desto mehr können Sie bei Ihrer eigenen Behandlung zu einem Partner Ihres Arztes werden.

Alles der Reihe nach

Es gibt keine allgemeingültigen Antworten. Trotzdem ist der erste Schritt zum Überleben der Depression für jeden gleich. Lassen Sie sich bei einem Arzt Ihres Vertrauens körperlich komplett durchchecken. Wenn Sie an Fachärzte verwiesen werden sollten, dann suchen Sie sie auf. Bitten Sie darum, dass die Kopien aller Krankheitsberichte der Fachärzte an den Hausarzt geschickt werden, der die Eingangsuntersuchung durchgeführt hat. Wenn Sie noch keine Antworten auf Ihre Fragen erhalten haben, dann machen Sie einen Termin bei einem Spezialisten für Psychologie oder Neurologie aus.

Es ist normal, dass Sie bei Depression oder starken Stimmungsschwankungen widersprüchliche Diagnosen gestellt bekommen. Als bei Tye leichte Depressionen festgestellt wurden, nahm er die verordnete Medizin zunächst ein. Obwohl er sie über mehrere Monate hinweg regelmäßig einnahm und seinen Arzt wöchentlich besuchte, erschien ihm alles nicht ganz richtig. Er fand die Arzttermine nicht sehr hilfreich und war mit der Behandlung nicht zufrieden, doch der Arzt war nicht willens, Alternativen in der Behandlungsweise auszuprobieren. Nach fast einem Jahr entschied sich Tye dazu, eine andere Meinung einzuholen. Der neue Arzt war in der Lage, die Art seiner Depression genau zu bestimmen, und er verschrieb ein anderes Medikament. Innerhalb einiger Wochen besserte sich Tyes Befinden.

Für die richtige Behandlung ist es also unbedingt erforderlich, dass Sie alles über die Krankheit der Depression in Erfahrung bringen und dass Sie darauf bestehen, entsprechend untersucht zu werden. Wenn die Behandlungskosten ein Problem sind, dann sprechen Sie Ihren Arzt oder ein nahe liegendes Krankenhaus darauf an.

Lassen Sie sich auf den Prozess ein

Wenn jemand die Diagnose gestellt bekommen hat und mögliche Ursachen ausgeschlossen werden konnten, dann können zwei Dinge passieren. Zum einen mag es passieren, dass sich der Betreffende rasch besser fühlt und deswegen die weiterführenden Untersuchungen abbricht, die bei solchen Störungen normalerweise nötig sind. Ich habe das so oft erlebt. Ich kenne jemanden, dessen Hausarzt ihm ein Medikament gegen Depression verschrieben hat und ihm nahe gelegt hat, einen Psychologen aufzusuchen. Da es ihm unmittelbar nach Beginn der Medikamenteneinnahme so gut ging, hat er niemals einen Termin bei dem Psychologen ausgemacht, sondern das Medikament immer weiter eingenommen. Nach einigen Jahren haben Freunde, die seine Stimmungsumschwünge bemerkt hatten, ihm wiederum nahe gelegt, einen Psychologen aufzusuchen. Nach den entsprechenden Untersuchungen stellte sich heraus, dass er sich zwar «wunderbar» fühlte, das verordnete Medikament jedoch zu seiner wachsenden emotionellen Instabilität beitrug. Er wurde auf eine geringe Dosierung eines anderen Medikamentes gesetzt, und er begann eine Therapie, um die zugrunde liegenden Probleme zu lösen.

«Alles hat seine Stunde. […] eine Zeit zum Weinen, eine Zeit für die Klage und eine Zeit für den Tanz.»
Kohelet 3,1.4

Zum zweiten kann es passieren, dass Leute ihrem Arzt eine — und nur eine — Chance gegeben haben, um sie wieder «in Ordnung» zu bringen. Dann haben sie den Arzt gewechselt, ohne ihre Geschichte mitzuteilen. Geri war bei vier oder fünf verschiedenen Ärzten gewesen, bevor ich ihr begegnete. Sobald sie entschieden hatte, dass sie dem, was der eine Arzt ihr erzählte, nicht trauen konnte, ging sie zu dem nächsten Arzt. Keiner der darauffolgenden Ärzte erfuhr ihre Geschichte und deswegen konnte auch keiner von ihnen zur Ursache ihrer Probleme vordringen. Sobald Sie einen Arzt gefunden haben, bei dem Sie sich wohl fühlen, geben Sie ihm eine Chance, Ihnen zu helfen. Es werden viele Informationen, Versuche und Tests nötig sein, um die möglichen Wurzeln der Probleme, mit denen Sie zu kämpfen haben, einzugrenzen.

Machen Sie selber Aufzeichnungen all Ihrer Termine, Untersuchungen und der Empfehlungen, die Ihnen der Arzt gegeben hatte, von allen Medikamenten, die Ihnen verordnet wurden, und wie Sie darauf reagiert haben etc. Wenn Sie zu einem neuen Arzt gehen, sollten Sie darauf bestehen, dass er Ihre bisherigen Krankenberichte zugeschickt bekommt. Trotzdem wird es sehr wertvoll für Sie sein, Ihre Krankengeschichte selbst zu dokumentieren.

Der Weg der Heilung kann Jahre dauern. Nach der korrekten Diagnose fängt die Suche nach dem richtigen Medikament an. Es gibt eine ganze Menge Arzneien auf dem Markt. Fragen Sie auf jeden Fall nach möglichen Nebenwirkungen. Wenn Sie mit der Medikamenteneinnahme begonnen haben, ist es wichtig, dass Sie Ihrem Arzt jede Ihrer Reaktionen oder Schwierigkeiten mitteilen. In der Regel werden Sie nach zwei bis drei Wochen merken, ob das Medikament anschlägt. Es soll Ihnen nicht peinlich sein, Ihren Arzt darüber auf dem laufenden zu halten, wie Sie sich fühlen. Am Ende soll es Ihnen «gut» gehen. Geben Sie sich nicht mit weniger zufrieden. Vielleicht muss der Arzt die Dosierung oder die Verschreibung ändern, oder ein zusätzliches Medikament verschreiben. Manchmal muss er auch eine Therapie empfehlen oder zu Änderungen in der Verhaltens- oder Lebensweise oder zu einer anderen Diät raten. Viele Aspekte Ihrer Behandlung müssen ins Gleichgewicht gebracht werden, um ein emotionales Wohlgefühl zu erreichen. Seien Sie geduldig und arbeiten Sie mit Ihrem Arzt zusammen. Ihre Behandlung ist genauso einzigartig wie Sie es sind.

Überlassen Sie nicht alles den Medikamenten

Die Medikamente sind nicht immer die einzige Lösung. Die zwanzigjährige Ruth, die jetzt Sozialarbeit an einer großen katholischen Universität studiert, hatte die für ihre Depression geeigneten Medikamente verschrieben bekommen und ließ sich durch einen Therapeuten beraten. Mit der Zeit wurden Ruths Symptome weniger ernst und nahmen immer mehr ab. Heute, fünf Jahre nachdem sie mit der Behandlung begonnen hat, braucht Ruth keine Medikamente mehr. Ihr Programm, um persönliche Ganzheit zu erlangen, sah Zeiten vor für medikamentöse Behandlung, für Beratung, für Änderungen in ihrer Lebensweise und bestimmter Verhaltensmuster, gepaart mit der täglichen Teilnahme an der Eucharistiefeier. Wenn die medikamentöse Behandlung auch einen großen Teil Ihrer Behandlung ausmachen kann, so gibt es doch viele Probleme im Zusammenhang mit Ihrer Depression, die nicht weg medikamentiert werden können. Nachdem mein Arzt verschiedene Kombinationen von Medikamenten ausprobiert hatte, schlug er mir vor, wenigstens eine gewisse Zeit lang eine Therapie zu machen, so dass er ausmachen könne, welche Faktoren noch eine Rolle bei meiner Depression spielen könnten. Durch die Therapie war ich in der Lage, einige dieser Probleme zu benennen und an ihrer Lösung zu arbeiten und folgerichtig war ich dann in der Lage, die medikamentöse Behandlung auf ein Minimum zu reduzieren.

Wenn Sie nach einem Therapeuten Ausschau halten, dann versuchen Sie, jemanden zu finden, der ausgedehnte Erfahrungen mit Ihrer Art der Krankheit hat. Wenn Sie ernsthaft depressiv oder manisch-depressiv sind, dann versichern Sie sich, dass der Therapeut während seiner Ferien oder sonstigen Abwesenheit eine Vertretung anbietet. Achten Sie bei

Ihrem ersten Treffen darauf, ob der Therapeut Fürsorglichkeit und Interesse vermittelt. Oft finden Sie gute Therapeuten durch die Empfehlungen anderer Leute, durch entsprechenden Organisationen und Vereine oder durch Ihren Psychiater. Auch Ihr Gemeindebüro kann Ihnen vielleicht einen katholischen Therapeuten in Ihrer Nähe empfehlen.

Man braucht enorm viel Mut, um eine Therapie durchzuhalten. Wenn Sie sich vollständig auf den Prozess einlassen und Sie damit anfangen, Ihre Probleme zu durchleuchten, dann mag es Ihnen scheinen, als würde alles nur schlimmer werden. Es ist wichtig, dass Sie Ihrem Therapeuten mitteilen, wie sich die Dinge für Sie darstellen. Wenn Sie finden, dass alles gut geht, dann sagen Sie es ihm. Sagen Sie es aber genauso ehrlich, wenn Sie finden, dass Ihr Therapeut Zusammenhänge sieht oder Schlussfolgerungen zieht, die Sie nicht nachvollziehen können. Wenn Sie der Meinung sind, dass Ihr Therapeut und Sie nicht gut zusammenarbeiten, dann lassen Sie es ihn oder sie wissen. Der Schlüssel zu diesem Problem liegt darin, diese Schwierigkeiten mit dem Therapeuten zu besprechen und keine vorschnellen Entscheidungen im Alleingang zu treffen.

Sie müssen die Verantwortung für Ihren Weg zum Wohlbefinden tragen, aber Sie müssen *mit* Ihrem Therapeuten zusammenarbeiten.

Überlegen Sie sich, einer Selbsthilfegruppe beizutreten

Die Menschen, die Depressionen oder manisch-depressive Stimmungsumschwünge am besten verstehen, sind diejenigen, die selber depressiv oder manisch-depressiv waren oder immer noch sind. Es kann sich heilend auswirken, wenn man mit Menschen zusammen ist, die die gleichen Probleme haben. In einer Selbsthilfegruppe braucht man seine Probleme nicht zu verbergen. Die Leute dort verstehen Sie. Selbsthilfegruppen können auch eine gute Informationsquelle über Depressionen sein und Tips geben, wie man damit am besten umgeht.

Um Selbsthilfegruppen in Ihrer Umgebung herauszufinden, rufen Sie am besten eine entsprechende örtliche Telefonberatung an oder die entsprechenden Krankenhäuser. Nicht alle Selbsthilfegruppen sind gleich. Wenn die eine nicht Ihren Bedürfnissen entspricht, dann versuchen Sie es mit einer anderen. Suchen Sie eine Gruppe, die Ihnen wirklich weiterhilft.

Die Kirche als spirituelles Krankenhaus

Nicht nur in der Psychologie ist man auf dem Weg zu ganzheitlicher, emotionaler Gesundheit. Bis zum heutigen Tag hat die Spiritualität der orthodoxen Ostkirche ihr Verständnis der menschlichen Person bewahrt, das von den Schriften der Wüstenväter und -mütter, der Verfasser und Theologen des Ostens durchdrungen ist. Verfasser wie u.a. der Hl. Gregor von Nyssa (335-395), der Hl. Gregor Palamas (1296-1359) und der Hl. Johannes vom Sinai (ca. 579-649) glaubten, dass das richtige Heilmittel für Krankheiten der menschlichen Psyche und des Herzens die Theologie sei. Der Hl. Johannes vom Sinai z. B. sah den Weg zur Ganzheit als einen Weg von der isolierten, individuellen Existenz hin zu einer Beziehung zu Gott, mit der Gemeinschaft, mit sich selbst und mit der ganzen Schöpfung. Die «Behandlung» für jemanden, der an Depression oder ähnlichen Krankheiten leidet, besteht darin, den Weg von einer innerlichen Liebe hin zu der Liebe zu gehen, die sich auf Gott und die Mitmenschen richtet. Deshalb glaubten jene Christen, dass dieser Prozess in einem spirituellen Klima vor sich gehen sollte. Sie sahen die Kirche als «spirituelles Krankenhaus».

«Es gibt einen anderen Weg, wenn Sie genug Mut dazu haben. [Dieser] Weg ist unbekannt, und deshalb braucht man dazu Glauben — die Art von Glauben, die aus der Verzweiflung entspringt … Aber dieser Weg führt Sie zu dem, was Sie zuvor am falschen Ort gesucht hatten.»

T.S. Eliot

Heute leben wir in einer Gesellschaft, die den Individualismus fördert. Wie leben in einer Gesellschaft, in der die Menschen getrennt sind voneinander und von der Möglichkeit, in Gemeinschaft zu leben. Sogar viele Pfarrgemeinden haben viel von ihrem gemeinschaftlichen Charakter eingebüßt. Es kann vorkommen, dass wir in die Messe gehen und aus der Messe kommen und keinen Menschen in der Kirche kennen, ohne jemanden zu grüßen oder auch nur anzuschauen. Da Gott uns nach seinem Bild und ihm gleich erschaffen hat, hat er uns jedoch dafür geschaffen, in Beziehung zu stehen. Wir wurden geschaffen, um eine Beziehung zu Gott, zu den anderen und zu der ganzen Schöpfung zu haben und aufrechtzuerhalten. So haben Adam und Eva tatsächlich gelebt, bis sie ihre Ausrichtung auf Gott verloren haben. Sie haben sie verloren, weil sie der trügerischen Aussicht auf Unabhängigkeit folgten. Sie wollten sein wie Gott. So gesehen ist Gesundheit eine echte und wahre Beziehung. Krankheit ist die Unterbrechung dieser Beziehung, dem grundlegenden Dialog mit Gott, mit den Brüdern und Schwestern, mit sich selbst und mit der Schöpfung. Die Kirche ist das «Krankenhaus», in dem wir die grundlegende Gemeinschaft wiederentdecken können, die unsere ersten Eltern verloren haben. Denn die Mitte der christlichen Gemeinschaft ist Gott, und die Gesundheit blüht auf, wenn wir in Wahrheit so werden, wie Gott den Menschen erschaffen hat.

Was in uns liegt

Gott ist in Christus Mensch geworden, um uns zu zeigen, was es wirklich bedeutet, Mensch zu sein — nämlich, Gottes Leben zu teilen. Wer seine Beziehung zu Gott verneint, ist wie eine nicht zu Ende geführte Geschichte oder wie ein halbvollendetes Bauwerk. Jeder Mensch vermag dem auferstandenen Christus in sich Raum zu geben. Wenn der auferstandene Christus in uns Raum gefunden hat, wenn Gottes Bild erneuert und wiederhergestellt ist, dann sind wir durch den Heiligen Geist wieder in der Gemeinschaft mit Gott. Dann sind wir Teil von Gottes Königreich, und durch Gnade werden wir zu dem, was Gott von Natur aus ist. Maximus der Bekenner (580-649) schrieb: «Durch die Gnade Gottes kann der Mensch zu dem werden, was Gott ist.» Die Kirchenväter nannten diese Umgestaltung und Umwandlung die *Theosis*. Es wird uns die Macht verliehen, aufzustehen und die Vergangenheit des Krüppels hinter uns zu lassen. Wir können in ein neues Leben gehen, in Gemeinschaft verbunden mit den Mitmenschen, in Frieden mit Gott, mit uns selbst und mit allen Geschöpfen.

Was bedeutet das für jemanden, der an Depressionen leidet? Mit den Worten von Ralph Waldo Emerson gesagt: «Das, was hinter uns liegt, und das, was vor uns liegt, ist von geringer Bedeutung in Vergleich zu dem, was in uns liegt.» Für diejenigen, die mit emotionalen und psychischen Leiden zu kämpfen haben, bedeutet die *Theosis*, dass sie durch Gottes

Macht die Fähigkeit besitzen, über jede Schwierigkeit erhaben zu sein und sie zu überwinden. Die *Theosis* sagt uns, dass wir Söhne und Töchter Gottes sind, dass wir Gottes Herrlichkeit teilen, dass wir an Gottes Natur teilhaben, dass wir zu Erben von Gottes ewigem Königreich bestimmt sind. Die Schrift sagt uns, dass wir Gottes Königreich «erben» werden. Aus der Erbschaft ergibt sich ein Eigentum. Wir werden uns nicht klammheimlich zur Hintertür hereinschleichen. Das Königreich wird ebenso uns *gehören*, wie es unserem «Miterben» Jesus Christus gehört. In diesem «spirituellen Krankenhaus», das die Gemeinschaft der Gläubigen ist, lernen wir, dass wir in den Sorgen und Leiden der Depression «all das überwinden durch den, der uns geliebt hat». (vgl. Röm 8,37)

Der russische Religionsphilosoph Wladimir Soloviev schrieb:

> «Wenn Du Dich danach sehnst, zu Gott emporgehoben zu werden; wenn Du Dich danach sehnst, so sehr mit Gott verbunden zu sein, dass Gott alles in Dir ist; wenn Du verzweifelst, weil Du darauf brennst, die göttliche Natur zu teilen und doch nur einen kleinen Schimmer davon hast, dann tröste Dich. Der Vater, der Sohn und der Heilige Geist rufen Dich tatsächlich, zu ihnen aufzusteigen. Sie sind bereit, zu Dir und in Dich herabzukommen, um als ständige Gäste in Deiner Seele zu wohnen. Im Austausch gegen das, was gut ist in Dir, verheißen sie eine Umgestaltung Deines ganzen Seins, zunächst geheimnisvoll und unsichtbar, doch bald prächtig und glorreich, eine Vereinigung und Angleichung, die Dich vergöttlichen wird.»[1]

An der Wurzel unserer Heilung steht ein persönlicher Akt des Glaubens an die Liebe Gottes. «Es gibt keine größere Liebe», sagt Angela von Foligno, «als dass Gott Mensch geworden ist, um mich zu Gott zu machen.» Egal wie hart der Kampf ist, wir können darin bestehen mit dem Geist des Heiligen Paulus, der seinen Glauben mit folgenden Worten zum Ausdruck brachte: «Ich bin überzeugt, dass die Leiden der gegenwärtigen Zeit nichts bedeuten im Vergleich zu der Herrlichkeit, die an uns offenbar werden soll.» (Röm, 8,18)

Anregung zum Gebet

Die Depression bringt Dunkelheit und Chaos mit sich. Aber Gott ist in ihr gegenwärtig als Licht, Frieden und Liebe. Gott ist stärker als aller Schmerz. Die Dunkelheit geht vorüber, das Licht bleibt auf ewig. Die Dunkelheit kommt nur von Wunden, für die wir selbst oft nicht verantwortlich sind. Das Licht kennzeichnet uns als Gottes Söhne und Töchter. Versuchen Sie, folgendes zu beten:

> *Du, Herr, bist in mir gegenwärtig als Licht. Nichts kann das Licht von mir trennen. Du hast mich dazu auserwählt, Dein Kind zu sein. Du hältst mich fest in Deinen Armen. Nichts kann mich von Dir trennen. Die Dunkelheit und das Chaos werden kommen, und sie werden gehen, wenn ich geheilt bin. Doch Du, oh, Herr, wirst bei mir bleiben, denn ich gehöre für immer Dir.*

Schreiben Sie sich dieses Gebet auf und stecken Sie es in Ihre Tasche, damit Sie es oft beten können.

1. Anthony M. Coniaris, «Achieving Your Potential in Christ: Theosis» 21. August 2003, www.geocities.com/verseoftheday/theosis3.htm

Wenn Sie sich in einer Depression befinden

Schreiben Sie in einem kleinen Notizbuch die Namen der Ärzte und/oder Therapeuten auf, die Sie aufgesucht haben, die Untersuchungen, die Sie hatten, die Medikamente, die Sie genommen haben (ebenso wie stärkere Reaktionen oder Nebenwirkungen, an die Sie sich erinnern) und die gegenwärtigen Medikamente und ihre Dosierung. Bewahren Sie das Notizbuch an einem Platz auf, an dem Sie es nicht vergessen werden. Wenn Sie längere Zeit keine umfassende medizinische Kontrolle gemacht haben, oder wenn Sie häufig die Ärzte bzw. Therapeuten gewechselt haben, dann teilen Sie ihm oder ihr das mit.
Haben Sie einen Bekannten in Ihrer Pfarrgemeinde oder jemanden, der in die gleiche Messe geht wie Sie? Eine Pfarrgemeinde kann eine Quelle von Stabilität und Unterstützung sein, wenn auch nur in Form von ein oder zwei Menschen, die Sie jeden Sonntag bei der Messe treffen. Wenn Sie in Ihrer Gemeinde keine Kontakte haben, dann beginnen Sie damit, die anderen Besucher vor und nach der Sonntagsmesse oder anderen Gemeindeveranstaltungen zu grüßen.

Wenn sich ein Freund von Ihnen in einer Depression befindet

Hat Ihr Freund die ersten, notwendigen Schritte zur Heilung gemacht, wie Sie in diesem Kapitel beschrieben werden? Wenn nicht, dann informieren Sie ihn darüber.

Internet-Adressen für Hilfe bei Depressionen

Telefonseelsorge, www.telefonseelsorge.de

«Deutsches Bündnis gegen Depression e.V.»
http://www.buendnis-depression.de/

Deutsche Gesellschaft bei bipolaren Störungen e.V.
www.dgbs.de

Informationen zu Selbsthilfegruppen
www.nakos.de

Informationen und Adressen
www.angst-depressionen-alkoholerkrankung.de

Christliche Lebensgemeinschaften von Menschen mit und ohne geistige Behinderung
www.arche-deutschland.de

Internationale ökumenische Gemeinschaft von Menschen mit geistiger Behinderung, ihren Familien und Freunden
www.glaubelicht.de

5. «Ich möchte nur, dass es mir besser geht»

«Ich bitte Gott jeden Tag darum, dass er das wegnimmt und mich wieder glücklich macht. Ich glaube nicht, dass Gott mich hört. Vielleicht hat er keine Lust mehr, dass ich ihn bitte.»

Gerard

«Einen großen Teil meiner Mitarbeit im Gesundungsprozess erledige ich im Gebet. Ich spreche mit Gott darüber, wie ich mich jetzt fühle, und über die traumatischen Erlebnisse, die ich früher gehabt habe. Gott hört mir zu. Er gibt mir den Mut und die Kraft, die ich brauche, um über die Zeiten hinweg zu kommen, in denen ich depressiv bin.»

Br. Josef

Wenn Sie wieder glücklich sein möchten, dann müssen Sie selbst anfangen, etwas zu tun. Das habe ich wieder und wieder lernen müssen: Wenn ich auf ein Wunder nach *meiner* Art wartete, dann konnte ich lange warten. Es ist nicht so, dass ich nicht an Wunder glaubte. Ich glaube daran. Doch ich musste einfach begreifen, dass Gottes Vorstellung davon, was ein Wunder ist, eine andere ist. Nämlich die eines fortwährenden

Prozesses einer immer tiefer werdenden Verbindung zu Gott. So habe ich gelernt, dass ich mich um etwas betrüge, wenn ich auf *meinem* Verständnis von Wundern beharre. Wenn ich könnte, würde ich meine Temporallappenepilepsie loswerden und eine vollkommen stabile Persönlichkeit haben. *Denk nur daran, was Du alles tun könntest, wenn Du frei wärst von diesen Stimmungsschwankungen*, sage ich zu mir selbst. Aber wenn ich meine Energie daran verschwende, mir etwas zu wünschen, das außerhalb meiner Reichweite ist und das dann als Test dafür nutze, ob Gott meine Gebete erhört oder nicht — dann habe ich alles getan, um enttäuscht zu werden. Gott sieht in mein Herz, und er antwortet auf die tiefe Sehnsucht, die er dort sieht. Eine Sehnsucht, die Gott selbst in mich hineingelegt hat. Vielleicht sieht er, dass ich um einen Cent bitte, wo er mir eine Million Euro schenken möchte. Wenn ich mich mit einem ausreichenden Wohlbefinden zufrieden geben würde, dann weiß Gott doch, dass ich insgeheim soviel mehr ersehne. Und so nimmt er sich die Freiheit, solche Wunder zu wirken, um die ich nicht einmal zu bitten weiß.

Wunder geschehen

Obwohl wir sie nicht machen oder bestimmen können, geschehen Wunder — nach und nach. Oft entdecken wir sie nur im Rückblick auf unser Leben. Wir können die sanfte Hand Gottes erkennen, die gütige Liebkosung der göttlichen Liebe, die sich wie ein Faden durch das alltägliche Leben zieht. Oft erkennen wir, wie sich sogar in unseren eigenen Anstrengungen, uns zu helfen, Gottes Macht verbirgt.

John, ein 32-jähriger Hochschullehrer, ist verheiratet und hat zwei Kinder. Vor einigen Jahren machte er eine sechsmonatige Phase tiefer Depression mit. «Das waren die schlimmsten sechs Monate meines Lebens», sagt er. «Ich war beschämt und verwirrt. Ich halte es immer noch geheim. Da ich seitdem in Therapie bin, ist so eine handfeste Depression nie mehr wiedergekehrt.» John glaubt, dass er sein ganzes Leben schon an Depression gelitten hat und es nicht wusste.

Zwei Jahre, nachdem er die Therapie begonnen hatte, ist John auf Wallfahrt nach Medjugorje gefahren, um dort um Heilung zu beten. «Ich dachte, dass ich geheilt wiederkommen würde. Als ich nach Hause zurückgekehrt war, schlug mein Arzt eine andere medikamentöse Behandlung als die bisherige vor. Diese gab dann den Ausschlag. Meine Schlaflosigkeit, meine Reizbarkeit und mein Selbstmitleid besserten sich. Seitdem nehme ich dieses Medikament. Meine Heilung kam, aber in einer Form, die ich nicht erwartet hatte.»

John ist der Meinung, dass er seinen Studenten mehr von Nutzen sein kann, seitdem er mit der Depression vertraut ist. Er konnte den jungen Leuten, die an Depressionen litten, helfen, die Unterstützung zu bekommen, die sie brauchten, und er konnte auch ihre Familien unterstützen. John unterrichtete Musik, Theater, Deutsch und Pädagogik. Kreativität geht oft einher mit Depression. Sie erlaubt es John, sich in so vielen verschiedenen Gebieten selbst auszudrücken, und sie war ein Geschenk in Bezug auf seine Karriere. Er sagt: «Viele depressive Leute vollbringen große Dinge. Ich glaube, dass es die Krankheit der kreativen Menschen ist. Viele Musiker, Künstler und Dichter haben an Depressionen gelitten. Tatsächlich ist es so, dass es vieles zunichte gemacht haben könnte, wenn der Herr mich in Medjugorje geheilt hätte.»

Das Gebet bewahrt John davor, zu tief zu sinken. «Manchmal kann ich nicht beten. Ich sage nur "Jesus". Irgendwie weiß ich, dass meine Gebete gehört werden.» Das Gebet ist auch ein Band zwischen John und seiner Frau. «Meine Frau ist eine riesige Hilfe für mich gewesen. Jeden Abend sprechen wir gemeinsam einfache Gebete. In der Früh bringen wir unseren Tag vor Gott. Im gemeinsamen Gebet macht sich bei meiner Frau viel Spannung Luft, denn das gemeinsame Leben mit einem geistig Kranken ist nicht einfach.»

Neue Gaben, die man in der Depression erkennt

Für denjenigen, der an einer Depression leidet, passieren Wunder in vielen Formen und verschiedenem Ausmaß. Es gibt da die Legende von einem Vogel in einem Wald voller befreundeter Tiere. Der Vogel war bekannt für seine große Schnelligkeit, und so wurde er auch genannt: *Der schnell fliegt.* Die wunderbare Färbung seiner Flügel leuchtete im Sonnenlicht auf, wenn er über den Bäumen des Waldes auf- und niederstieg. Eines Tages brach sich *Der schnell fliegt* einen Flügel. Er fiel zu Boden und schleppte sich in die Nähe eines Baumes in Sicherheit. Nach einer kleinen Weile fand der König des Waldes *Der schnell fliegt.* Sanft hob er den verschreckten Vogel auf und streichelte seinen gebrochenen Flügel, bevor er ihn wieder niedersetzte. Die anderen Vögel waren entzückt. Sie dachten, *Der schnell fliegt* würde sicher aufs neue durch den Wald schießen. Doch *Der schnell fliegt* war immer noch nicht fähig, zu fliegen. Anstelle dessen blieb er in der Nähe eines Baumes sitzen und erhob seine traurige Stimme zum Himmel. Die traurigen Töne erklangen Tag und Nacht an und wurden immer kräftiger und kräftiger. Niemals zuvor hatten die Bewohner des Waldes die Schönheit seines Gesangs vernommen. In den Nachtstunden wurden sie ganz still und lauschten seiner Musik, die immer wunderschöner wurde. *Der schnell fliegt* hatte gelernt, aus der Tiefe seines

Schmerzes und Verlustes heraus zu singen, und sein Gesang eroberte die Herzen aller, die ihn hörten. *Der schnell fliegt* ist nie wieder geflogen, doch die heilende Berührung des Königs des Waldes hatte ihm die wunderbare Gabe des Gesanges geschenkt und seinem Leben eine neue Richtung verliehen.

Wer den Mut aufbringt, den Weg durch die Depression zu Ende zu gehen, entdeckt die neuen Gaben, die ihm geschenkt werden. Deshalb konnte John sagen: «Wenn ich auf mein Leben zurückblicke, möchte ich nichts darin ändern.»

Mit dem Grundlegenden anfangen

Aus dem Bett kommen

Die kleinen Wunder, die Gott in unserem Leben bewirkt, schließen so grundlegende Dinge ein wie die Kraft zu haben, morgens aus dem Bett zu kommen. Diejenigen, die an Depressionen leiden, wissen, wie schwer das sein kann, wenn einem der Tag, jeder Tag und alle Tage wie ein einziges schwarzes Loch vorkommen, das in der erdrückenden Anstrengung besteht, überhaupt zu leben. Alles, was sie ersehnen, ist, dass der Kampf mit der Depression bald ein Ende hat. Sie möchten nicht Tag für Tag aufwachen und wieder den gleichen Kampf vor sich haben.

Doch die Heilung fängt im Kleinen an. Wählen Sie mit der Hilfe eines Therapeuten oder eines Freundes den für Sie richtigen Zeitpunkt aus, um aufzustehen. Vereinbaren Sie schriftlich, dass Sie genau dann in den Tag starten wollen. Stellen Sie den Wecker in Ihre Nähe, und Ihre schriftliche Vereinbarung legen Sie daneben. Manchmal ist es eine hilfreiche Motivation, wenn man diese Verpflichtung jemandem gegenüber getroffen hat, den man respektiert oder der Sie kennt. Auf diesen kleinen Dingen, die Sie jeden Tag tun, können Sie neue gute Gewohnheiten aufbauen, die Ihnen den Weg zur Heilung leichter machen.

Eine Diät

Das Gefühl für unser Wohlergehen ist oft verbunden mit der Pflege, die wir unserem Körper zukommen lassen. Das, was wir essen, hat Auswirkungen darauf, wie wir uns fühlen. Früchte und Gemüse wirken sich positiver auf unsere Stimmung aus als Junkfood mit hohem Fett-, Zucker- und Salzgehalt. Zucker ist der Verursacher Nr. 1 für Stimmungsveränderungen. Er kann einen Stimmungsaufschwung bewirken, Hyperaktivität, Müdigkeit, Unausgeglichenheit, Depression, starke Stimmungsschwankungen, Kopfschmerzen, Reizbarkeit und überdrehte und überzogene Ängste. Stark zuckerhaltiges Essen zu vermeiden, ist der erste Schritt. Diese Ernährungsweise hilft Ihnen, sich ganzheitlich weiter zu entwickeln.

«Halte Dein Gesicht immer in die Sonne, dann kannst Du Deinen Schatten nicht mehr sehen.»
Helen Keller

Ein weiterer Verursacher ist Koffein. Wenn Sie die Stärke Ihrer Stimmungsschwankungen verringern wollen, fangen Sie damit an, sich Ihrer Koffeinzufuhr bewusst zu werden. Weil viele abhängig sind von ihrer morgendlichen Tasse Kaffee oder von ihren Kaffeepausen tagsüber, kann es für sie schwierig sein, die Koffeinzufuhr zu kontrollieren. Es ist hilfreich, ein anderes Getränk zu finden, das Sie mit dem gleichen Genuss trinken (bis auf schwarzen Tee, heiße Schokolade oder Coca Cola, die genauso viel Koffein enthalten). So können Sie allmählich die Menge der koffeinhaltigen Getränke reduzieren, die Sie jeden Tag zu sich nehmen.

Auch Milchprodukte können bei einigen Leuten Mitauslöser für Stimmungsschwankungen sein, ebenso wie Weizenprodukte, Eier, Fleisch und Tomaten.

Vielleicht fragen Sie sich, was man dann überhaupt noch essen kann. Sprechen Sie mit Ihrem Arzt oder einem Ernährungsberater. Sie können Ihnen helfen, einen für Sie geeigneten Ernährungsplan aufzustellen, der Ihrem Wohlbefinden dient. Ihr Arzt wird Ihnen auch sagen können, ob ein eventueller Gewichtsverlust oder eine Zunahme auf Ihr Medikament zurückzuführen ist. Mit ihm können Sie Änderungen in Ihrer Ernährungsweise und eine sportliche Betätigung besprechen, um Gewichtsveränderungen in den Griff zu bekommen.

Sportliche Betätigung

Die Bedeutung von sportlicher Betätigung für das körperliche und geistige Wohlbefinden wird uns ständig vor Augen geführt. Es ist fast unmöglich, eine Zeitschrift durchzublättern, ohne auf mindestens eine Anzeige für Sportgeräte, Gymnastikunterricht oder Fitnesscenter zu stoßen. Sogar die Werbeanzeigen für Medikamente verwenden Bilder von Leuten, die Rad fahren oder wandern, um für einen gesunden Lebensstil zu werben. Wenigstens in der Theorie sind wir eine sehr gesundheitsbewusste Generation.

Vielleicht haben Sie bei solchen Anzeigen bisher immer weitergeblättert. Wenn Sie in einer Depression stecken, kann Sie der Anblick der hübschen und perfekten Körper dieser Werbemodels noch unzufriedener mit Ihrem eigenen Erscheinungsbild machen. Es erscheint viel einfacher, zu Hause zu bleiben und sich zu sagen, dass man dort seine Übungen machen kann. *Schließlich*, sagen Sie sich, *muss ich nur einmal richtig spazieren gehen* …Aber irgendwie kommt es nie zu diesem Spaziergang. Oder es bleibt bei einem einzigen Mal. Es mag schwierig sein, mit guten Gewohnheiten anzufangen, besonders wenn das Medikament, das Sie nehmen, mit Gewichtszunahme verbunden ist. Dessen ungeachtet wird es Ihnen mit sportlicher Betätigung besser gehen. Der erste Schritt ist immer der schwierigste. Hier sind einige Vorschläge für einen leichteren Anfang:

- Suchen Sie sich einen Sport aus, der Ihnen Spass macht — vielleicht Schwimmen oder Tanzen.
- Wenn Sie sich dazu entscheiden, spazieren zu gehen, dann nehmen Sie einen Walkman mit. Suchen Sie sich dafür Kassetten mit Sportübungen oder schwungvoller, optimistischer Musik aus.
- Nehmen Sie sich vor, einige Male pro Woche mit einem Kollegen oder Freund durch einen Park zu gehen.
- Bieten Sie jemandem Hilfe bei der Gartenarbeit an und halten Sie sich daran, einmal oder zweimal in der Woche zu ihm zu gehen.
- Treten Sie einem Sportverein oder einem Fitnessclub bei, wenn Ihnen die Mitgliedschaft dabei hilft, bei der Stange zu bleiben.

Licht

Der günstigste Weg, um von dem starken positiven Einfluss des Tageslichtes zu profitieren, ist es, sich jeden Tag eine halbe Stunde lang draußen aufzuhalten. Wenn ich nach mehreren Tagen der Arbeit in geschlossenen Räumen einen langen Spaziergang unternehme, fühle ich rasch, wie sich meine Stimmung hebt. Heute wird immer mehr zur Auswirkung des Lichtes bei Depressionen geforscht.

Das Zweitbeste nach einer «Dusche» von Sonnenlicht ist Vollspektrumlicht in den Wohn- und Arbeitsräumen. Vollspektrumlicht enthält die gleichen Regenbogenfarben und den gleichen Anteil an ultravioletten Lichtstrahlen wie Sonnenlicht. Sie können Vollspektrumlicht (Vita-Lit z. B. ist ein eingetragenes Markenzeichen) im Geschäft kaufen.

Einige Menschen scheinen mehr Tageslicht zu benötigen als andere. Bestimmte Jahreszeiten mit kurzen und dunklen Tagen können auch die Stimmung beeinflussen und Depressionen fördern. Menschen, die in der dunklen Jahreszeit an Depressionen leiden, können an jahreszeitlich bedingten Depressionen leiden. Es kann helfen, wenn Sie sich in dieser Zeit verstärkt dem Sonnenlicht oder dem Vollspektrumlicht aussetzen.

Das Wunder, aus einer Depression herauszukommen oder es zu lernen, mit einer andauernden Beeinträchtigung zu leben, geschieht, wenn man Einsichten aus dem körperlichen, dem psychischen und dem geistigen Bereich zu verbinden weiß.

Träume

Trotz des inneren Leids hat die Depression ihre «Vorteile», und es gibt Leute, die lieber depressiv bleiben wollen, als diese Vorteile aufzugeben. Meine Depression und die Probleme, die mein Schlaganfall mit sich brachte, waren am Anfang ernst genug, doch mit den Jahren wurden sie zu einem Selbstläufer. Mein Selbstvertrauen war so am Boden zerstört, dass ich das Sicherheitsnetz der Krankheit dem Unbekannten vorzog. Das Unbekannte waren eine neue Verantwortung und der Start ins Ungewisse. Um meine Meinung zu sagen, um Mitmenschen motivieren zu können, um ein Projekt trotz der Kommentare anderer Leute durchzuziehen, müsste ich die Komfortzone der Depression hinter mir lassen. Ich hätte keine Entschuldigung mehr bereit im Falle eines Fehlschlages. Ich hätte keine Schutzhülle mehr, in die ich mich zurückziehen könnte, um meine Wunden zu lecken. Ich würde mich der Beurteilung durch andere aussetzen, statt außer Reichweite in Sicherheit zu bleiben, von wo aus ich sie beurteilen konnte. Im Zuge der Heilung kann ein heftiger Kampf entbrennen zwischen Ihrem depressiven Selbst und Ihrem Selbst, das weiterkommen möchte.

Wenn wir die Möglichkeit haben, einen Schritt ins Ungewisse zu machen, einen Fehlschlag zu riskieren; wenn wir beginnen, ohne das Etikett "Depression" auf der Stirn herumzulaufen, dann kann es passieren, dass wir aus Angst einen Rückzieher machen und uns unbewusst selbst sabotieren. Dann ziehen wir es vor, im Sicherheitsnetz zu bleiben und die Schuld an unserem Versagen der Depression zuzuschreiben. Schließlich erwarten die Leute aus Freundlichkeit und Mitleid nicht sehr viel von uns. Es kann eine sehr abschreckende Vorstellung sein, die Verantwortung zu tragen in einem neuen Wagnis, bei dem unser Erfolg oder Versagen nur davon abhängt, wie gut wir es anfangen. Wir werden die Aufmerksamkeit auf uns ziehen, wenn wir die Herausforderung annehmen, etwas zu tun, das wir seit Monaten oder Jahren nicht mehr getan haben. Was ist, wenn wir versagen? Wenn wir versagen, dann haben wir einfach bewiesen, dass wir genauso menschlich sind wie alle anderen auch. Immerhin gibt es einige Hilfsmittel, um die ersten Schritte angstfreier zu gehen.

> ***«Ein Wunder ist, wenn sich das Alltägliche in seiner einfachen Großartigkeit offenbart.»***
> Rabbi Pirke Avot

Zum ersten: Überwinden Sie geistige Blockaden. Machen Sie eine Liste mit den Namen der Menschen in Ihrem Leben, die an Sie geglaubt haben. Welche Menschen waren Vorbilder für Sie? Was haben Sie am meisten an ihnen geschätzt? Was war vor Ihrer Depression ausschlaggebend dafür, dass Sie in einer Sache, die Ihnen wirklich wichtig war, keinen Erfolg hatten? Welche negative Lehre haben Sie daraus gezogen? Ist diese Lehre wirklich zutreffend? Lassen Sie damit immer noch Ihr Leben bestimmen? Was an Ihnen macht Sie jetzt am meisten stolz? Was sieht Gott Ihrer Meinung nach, wenn er Sie ansieht? Machen Sie eine Liste mit den Fähigkeiten, für die Sie am meisten dankbar sind. Zählen Sie drei Dinge auf, die Sie am liebsten machen würden. Wenn Sie etwas Bestimmtes sein könnten, was würden Sie dann wählen? Wenn Sie Gott um das bitten würden, was Ihnen am wichtigsten ist, was wäre das? Was macht Ihnen am meisten Freude?

Zum zweiten: Gehen Sie voran — immer Schritt für Schritt. Vielleicht werden Sie innerlich von bestimmten Gedanken umgetrieben: Ich würde mich gerne um eine andere Arbeit bewerben. Ich frage mich, ob ich diese Klasse unterrichten könnte. Es würde mir gefallen, an diesem Projekt zu arbeiten. Ich wäre so glücklich, wenn ich unser Zuhause wieder schön gestalten könnte. Nachdem Sie sich für ein Ziel entschieden haben, listen Sie auf, was Sie Ihrer Meinung nach dafür tun *müssen*. Dann zerreißen Sie die Liste und fangen Sie an, das aufzulisten, was Sie am liebsten dafür tun *möchten*. Wahrscheinlich wird das, was Sie am liebsten dafür tun möchten, unerreichbarer sein als das, was Sie Ihrer Meinung nach dafür tun müssen. Aber das macht nichts. Bei dieser Liste sollen Sie sich keine Grenzen auferlegen. Zum Schluss machen Sie eine Liste mit dem, was Sie tatsächlich machen *wollen.* Was davon können Sie wirklich durchziehen? Suchen Sie sich einen Platz, wo Sie beten können: eine Kirche, Ihr Zimmer, einen Lieblingsplatz draußen oder in einem Park. Zeigen Sie Gott das, was Sie aufgeschrieben haben, eines nach dem anderen: Ihre Träume, Ihre Gefühle, Dinge, die weit hergeholt und unmöglich erscheinen … Seien Sie aufmerksam auf Ihre ersten Reaktionen, wenn Sie Gott diese Ideen vorstellen. Fühlen Sie sich leicht, glücklich, aufgeregt, zuversichtlich und im Frieden? Oder gibt es einige Vorstellungen, die negative Gefühle wie das der Angst, der Isolierung und des Abgeschnittenseins von Gott und den Mitmenschen hervorrufen? Bringen Sie diese ganzen Vorstellungen mehrere Wochen lang im Gebet vor Gott. Bitten Sie ihn, dass er Ihnen seinen Traum für Sie zeigt, den er in Ihr Herz gelegt hat. Wenn Sie die Ideen auf Ihrer Liste ausstreichen, die einen schalen Nachgeschmack hinterlassen haben, dann konzentrieren Sie Ihre Aufmerksamkeit auf diejenigen Ideen, die Sie mit einem Gefühl der Lebendigkeit und der Hoffnung erfüllen. Bitten Sie Gott, Ihnen zu zeigen, wie Sie Ihr Ziel am besten verwirklichen können, so dass es gut für Sie ist, dass es den anderen dient und dass es Gott gefällt. Wenn Sie und Gott eine Entscheidung über die einzuschlagende Richtung gefällt haben, dann bitten Sie Gott, diese zu segnen. Seien Sie aufmerksam auf Ihr Herzensgefühl, wenn Sie die ersten Schritte in diese Richtung tun. Sie können die Schritte dieses Prozesses so oft wiederholen, wie Sie möchten und Gott dabei darum bitten, Ihnen die Richtung zu weisen und Kraft zu schenken.

Es ist seltsam, aber wahr, dass die Depression uns etwas «bringt», auch wenn sie unsere Lebenskräfte aufzehrt. Indem wir unsere Versuche, uns selbst zu sabotieren, aufdecken, können wir Schritte in eine hoffnungsvolle Zukunft tun, in Richtung Gottes Traum für uns, der in der Tiefe unseres Herzens geschrieben steht.

Anregung zum Gebet

Das Kreuzzeichen ist ein Segensgebet. Dazu zeichnen wir mit der rechten Hand das Kreuz, indem wir unsere Stirn, unsere Brust und unsere Schultern berühren und dabei sprechen: «Im Namen des Vaters und des Sohnes und des Heiligen Geistes. Amen.» Das Zeichen des Kreuzes symbolisiert Gottes Segen über uns. Er umarmt uns mit seinen Gnaden. Und wir erinnern uns an den Kreuzestod Jesu, den er aus überströmender Liebe zu uns ertragen hat. Das Kreuzzeichen ist diese Erinnerung an die ewige Liebe, die in uns wohnt und die auf ewig bleibt. So dürfen wir uns immer mit dem Kreuz bezeichnen. Machen Sie oft das Kreuzzeichen. Wenn Sie diese einfache Geste vollziehen, dann erinnern Sie sich daran, dass Ihr Geist und Ihr Herz und Ihr ganzes Sein gesegnet sind. Lassen Sie es zu, dass Gott Ihnen durch dieses Gebet, das Sie zu jeder Tages- und Nachtzeit beten können, Ruhe und Frieden und Trost bringt. «Komm zu mir», sagt Gott durch dieses Gebet. «Fürchte Dich nicht. Vor jedem Schritt reiche ich Dir die Hand und umarme Dich und segne Dich.»

Wenn Sie sich in einer Depression befinden

Es ist schwierig, mit gesunden Angewohnheiten dann anzufangen, wenn man in einer Depression steckt. Suchen Sie zwei oder drei konkrete Vorschläge aus diesem Kapitel aus, mit denen Sie auch in kleinen Schritten beginnen können.

Wenn sich ein Freund von Ihnen in einer Depression befindet

Sagen Sie Ihrem Freund: «Ich weiß, dass Gott einen Traum für Dich persönlich hat und dass dieser zur gegebenen Zeit klar sein wird.» Unterstützen Sie Ihren Freund bei allen Veränderungen, zu denen er sich entschlossen hat.

Strategien, um Ihr Selbstwertgefühl zu steigern

- Feiern Sie das, was Sie erreicht haben.
- Geben Sie sich auch mit weniger als dem Perfekten zufrieden.
- Machen Sie sich klar, dass Sie nicht besiegt worden sind; Sie arbeiten an Ihren Problemen.
- Akzeptieren Sie es, wenn Sie länger dazu brauchen, um Ihr Ziel zu erreichen.
- Gehen Sie schrittweise voran.
- Reden Sie auf jeden Fall mit Leuten, die Sie unterstützen können.
- Denken Sie gut und positiv von sich selbst.
- Glauben Sie daran, dass Sie ein Kind Gottes sind.
- Beten Sie zu der Dreifaltigkeit, die in Ihnen wohnt.

- Glauben Sie den anderen, wenn diese Gutes über Sie sagen.
- Sie sollen wissen, dass eine psychische Krankheit kein Grund zum Schämen ist.
- Seien Sie dazu entschlossen, mehr aus Ihrem Leben zu machen.
- Werden Sie sich darüber klar, dass diejenigen, die Sie schlecht behandeln, damit mehr über sich selbst aussagen als über Sie.
- Leben Sie einen Tag auf einmal — immer in der Gegenwart.
- Machen Sie Arbeiten, die Sie gerne tun.
- Gehen Sie Freizeitbeschäftigungen nach.
- Probieren Sie künstlerische Ausdrucksmöglichkeiten aus (Zeichnen, Malen, Schreiben, Tanzen etc.).
- Gehen Sie in einem sicheren Umfeld schon einmal ein kleines Risiko ein.
- Seien Sie mit Leuten zusammen, die Sie mögen und welche Sie ihrerseits auch mögen.
- Schreiben Sie alles auf, was Sie gut an sich finden.
- Geben Sie Ihr Wissen über psychische Störungen und das Selbstwertgefühl weiter.

6. «Ich kann nicht damit aufhören, zu weinen»

«Die härteste Frage, die ich mir stellen kann, ist: "Warum ich?"»

Juan

«Gott hat einen Traum für mich, und irgendwie und irgendwo ist das alles Teil dieses Traums. Ich habe gelernt, nicht mehr zu kämpfen und stattdessen auf Gottes Stimme zu hören, wie er mich ruft. Im nachhinein betrachtet hat mich diese Erfahrung der Depression dazu geführt, langsam zum "Mitleid Christi" für die anderen zu werden.»

Ralph

Ein Mann hat einmal einen Brief bekommen von einem Geschäftsmann, der ihm eine größere Summe Geldes aushändigen wollte. Der Geschäftsmann sagte nicht, woher das Geld kam oder zu welchen Bedingungen er ihm das Geld übergeben würde. Er sagte nur, dass er den Mann im Laufe des folgenden Jahres aufsuchen würde.

Nun machte der überraschte Empfänger des Briefes eine Bestandsaufnahme seines Hauses, seiner Arbeit und seiner Freunde. Offensichtlich würde er einige Veränderungen vornehmen müssen, bevor der geldüberbringende Gast eintreffen würde. Sein Vorgarten hatte eine Verschönerung nötig, die Zimmer des Hauses brauchten eine frische Schicht Farbe, und eine modernere Unterhaltungselektronik musste auch irgendwie her. Dann überlegt er sich, dass weder seine Freunde noch seine Arbeitsstelle einen guten Eindruck machen würden. Vielleicht sollte er sich lieber in besseren Kreisen bewegen und mehr Stunden auf seinen Job verwenden.

«Christus hat aus all unseren Sonnenuntergängen Sonnenaufgänge gemacht.»
Hl. Clemens von Alexandrien

Er stellte eine Liste mit den Sachen auf, die er noch erledigen musste, bevor sein Gast da sein würde. Er fing an, seinen Garten, sein Zuhause und sich selbst zu verbessern, während sich die Rechnungen auf seiner Kreditkarte häuften, und er versprach, sie später zu bezahlen. Der Mann machte Überstunden, in der Hoffnung, befördert zu werden, und sechs Monate lang hatte er kaum Zeit, ein paar Stunden zu schlafen, bevor er schon wieder weiter jagte.

Dann kam der lang erwartete Verfasser des Briefes auf Geschäftsreise in die Stadt. Zwischen seinen Terminen rief er mehrere Male bei dem Mann an, doch traf er meist nur auf den Maler oder auf Gärtner, die nie genau wussten, wann der Mann zurück sein würde. Eines Tages fuhr der Geschäftsmann vor, als der Eigentümer des Hauses gerade das Haus verließ, ohne auch nur einen Blick zurück zu werfen. Also ließ der Geschäftsmann einen Zettel zurück, auf dem stand: *Können wir uns treffen? Ein Freund.* Und er hatte die Telefonnummer dazugeschrieben. Als der Eigentümer nach Hause zurückkehrte, fand er den Zettel, aber er zerknüllte ihn in der

Hand und warf ihn in den Müll. *Für so etwas habe ich keine Zeit*, dachte er.

Am nächsten Morgen öffnete er seine Haustüre und rannte in seiner Hast fast seinen zukünftigen Wohltäter um. «Mein Freund», sagte der gut angezogene Herr sanft, «ich hoffte, mit Ihnen sprechen zu können.» — «Ich kenne Sie nicht», antwortete der Mann in Eile. «Ich weiß, dass Sie mich nicht kennen, aber könnte ich Sie an einem Abend einmal besuchen kommen?» — «Sehen Sie, ich bin wirklich sehr beschäftigt. Die nächsten zwei Wochen habe ich jeden Abend etwas vor. Und jetzt muss ich wirklich gehen.» — «Wie Sie wünschen», sagte der feine Herr. «Aber ich würde Sie wirklich gerne treffen, bevor ich die Stadt wieder verlasse.» — «Nun, lassen Sie mir Ihre Nummer da, und ich werde sehen, was sich tun lässt.» Der Geschäftsmann tat, wie ihm geheißen und ging weg. Als seine Geschäftsreise nach drei Wochen beendet war, verließ er — ungern — die Stadt. Sobald er zu Hause angekommen war, schickte er dem Hauseigentümer einen Brief, indem er ihm erklärte, wie er versucht hatte, ihm das Geld zu überbringen, aber nicht konnte, da der Mann keine Zeit gehabt hatte.

Als der Mann den Brief erhielt und seinen Fehler erkannte, schrieb er ihm rasch zurück: «Ich war damit beschäftigt, Ihre Ankunft vorzubereiten. Ich wollte alles in Ordnung bringen, um Sie so zu begrüßen, wie Sie es verdienen.»

Eine Woche später lag ein Brief im Briefkasten. Zitternd öffnete er den Umschlag und fand drei handgeschriebene Zeilen auf einem Blatt Papier: «Sie brauchten nichts für mich vorzubereiten. Ich wusste alles über Sie. Das Geld war mein *Geschenk* an Sie.»

Gott ist der Freund, der Ihnen mit einem Geschenk begegnen möchte. Gott muss Sie nicht als vollkommen ausgeglichene Persönlichkeit erleben, bevor er Sie für würdig erachtet, ein Geschenk von ihm zu bekommen. Gott kennt Sie so, wie Sie sind, mit Ihrer Vergangenheit, Ihren Ängsten, Ihren Bedürfnissen und Tränen, die scheinbar niemals versiegen. Gott liebt Sie so, wie Sie sind. Gott ist derjenige, der Sie am meisten liebt, mit Ihrem Müll, Ihren Grenzen und Problemen. Genauso liebt er Sie mit Ihrer Schönheit, die Sie zur Zeit vielleicht noch nicht an sich erkennen können. Nichts in Ihrem Leben könnte Sie in Gottes Augen weniger wundervoll machen. Sie möchten doch nicht den Fehler machen und glauben, dass Sie Gott beeindrucken müssen? Gott geht immer auf Sie zu, mit ausgestreckten Armen. Er kann Ihnen dabei helfen, in allem einen Sinn zu erkennen. Am nötigsten ist es, dass Sie Gott erlauben, *Sie* zu beeindrucken. Lassen Sie es zu, dass Gott Sie mit seiner Liebe beeindruckt. Auch wenn Sie etwas über Gottes Liebe zu Ihnen lesen und gar nichts dabei empfinden, so glauben Sie weiter daran. Eines Tages werden Sie es nicht mehr glauben müssen, denn dann werden Sie es wissen. Das habe ich selbst erfahren, und ich habe es bei anderen gesehen.

Ist Ihr Gott ein guter Gott?

Die Liebe Gottes kann etwas sehr Abstraktes bleiben. Damit die Liebe Gottes für einen Menschen real werden soll, muss er sich notwendigerweise eine geistige Brücke bauen zwischen der Erfahrung der Liebe Gottes und der persönlichen Erfahrung, von einem anderen Menschen geliebt zu werden. Wenn man auf den positiven Bildern aufbaut, die damit verbunden sind, geliebt zu werden, ist man in der Lage,

Gottes Liebe für einen selbst spürbar zu erfahren. Diese Erfahrung betrifft den ganzen Menschen. Glauben Sie daran, dass Gott Sie mindestens so sehr liebt wie eine andere Person, die Sie anerkennt, Sie annimmt oder Ihnen positiv gegenüber steht. Wenn Gott Sie Ihrer Meinung nach nicht so sehr liebt wie der beste Mensch, den Sie kennen, dann kennen Sie Gott noch nicht. Durch die Schrift offenbart Gott die Merkmale seiner unermesslich großen Liebe.

Gott offenbart sich als «sanft, mitleidig und treu»

> *Der Herr ging an ihm vorüber und rief: Jahwe ist ein barmherziger und gnädiger Gott, langmütig, reich an Huld und Treue: Er bewahrt Tausenden Huld […]. (Ex 34,6-7)*

Gottes Liebe wird ausgedrückt als eine sichere Liebe. Gott ist jemand, auf den man sich verlassen kann.

> *Als Israel jung war, gewann ich ihn lieb, ich rief meinen Sohn aus Ägypten. Je mehr ich sie rief, desto mehr liefen sie von mir weg. Sie opferten den Baalen und brachten den Götterbildern Rauchopfer dar. Ich war es, der Efraim gehen lehrte, ich nahm ihn auf meine Arme. Sie aber haben nicht erkannt, dass ich sie heilen wollte. Mit menschlichen Fesseln zog ich sie an mich, mit den Ketten der Liebe. Ich war für sie da wie die Eltern, die den Säugling an ihre Wangen heben. Ich neigte mich ihm zu und gab ihm zu essen. (Hos 11,1-4)*

Gott erkennt unsere grundlegende Würde an, eine Würde, die von psychischen Problemen nicht berührt oder gemindert werden kann.

> *Jetzt aber — so spricht der Herr, der dich geschaffen hat, Jakob, und der dich geformt hat, Israel: Fürchte*

dich nicht, denn ich habe dich ausgelöst, ich habe dich beim Namen gerufen, du gehörst mir. Wenn du durchs Wasser schreitest, bin ich bei dir, wenn durch Ströme, dann reißen sie dich nicht fort. Wenn du durchs Feuer gehst, wirst du nicht versengt, keine Flamme wird dich verbrennen. Denn ich, der Herr, bin dein Gott, ich der Heilige Israels, bin dein Retter. Ich gebe Ägypten als Kaufpreis für dich, Kusch und Seba gebe ich für dich. Weil du in meinen Augen teuer und wertvoll bist und weil ich dich liebe, gebe ich für dich ganze Länder und für dein Leben ganze Völker. Fürchte dich nicht, denn ich bin mit dir. Vom Osten bringe ich deine Kinder herbei, vom Westen her sammle ich euch. (Jes 43,1-5; Jer 31,31-34)

Gott schätzt uns. Er findet sein Entzücken an den Menschen, die er geschaffen hat.

Dann sehen die Völker deine Gerechtigkeit und alle Könige deine strahlende Pracht. Man ruft dich mit einem neuen Namen, den der Mund des Herrn für dich bestimmt. Du wirst zu einer prächtigen Krone in der Hand des Herrn, zu einem königlichen Diadem in der Rechten deines Gottes. Nicht länger nennt man dich «Die Verlassene» und dein Land nicht mehr «Das Ödland», sondern man nennt dich «Meine Wonne» und dein Land «Die Vermählte». Denn der Herr hat an dir seine Freude, und dein Land wird mit ihm vermählt. Wie der junge Mann sich mit der Jungfrau vermählt, so vermählt sich mit dir dein Erbauer. Wie der Bräutigam sich freut über die Braut, so freut sich dein Gott über dich. (Jes 62,2-5)

Gott sorgt sich um unser Wohlergehen

Denn ich, ich kenne meine Pläne, die ich für euch habe — Spruch des Herrn —, Pläne des Heils und nicht des Unheils; denn ich will euch eine Zukunft und eine Hoffnung geben. (Jer 29,11)

Bauen Sie Ihr Leben auf die Liebe Gottes

Die Heilige Edith Stein, auch bekannt als Hl. Teresa Benedikta vom Kreuz, wurde am 12. Oktober 1891 in eine jüdische Familie hineingeboren. Edith war eine Philosophin, die am 1. Januar 1922 katholisch wurde, in den Karmel eintrat und in Auschwitz starb.

> ***«Wo viel Licht ist, ist auch viel Schatten.»***
> Johann Wolfgang von Goethe

Als brillante Studentin schloss sie ihr Studium mit der höchsten Auszeichnung ab, und der bekannte Philosoph und Phänomenologe Edmund Husserl ernannte sie zu seiner Assistentin in Forschung und Lehre. Ihre Freude über ihren Erfolg jedoch war kurz. Um sie herum wütete der Erste Weltkrieg, mit seinen Millionen von Gefallenen, die Edith unsagbares Leid verursachten. Unter den Kriegsopfern war ein lieber Freund, Adolf Reinach, der sie als erster Husserl[2] vorgestellt hatte. Obwohl Edith zu Reinachs Witwe gereist war, um bei ihr zu sein und sie zu trösten, war sie es, die von seiner Witwe getröstet wurde.

Edith studiert weiter, übersetzte und lehrte und hielt Vorlesungen bis 1933, als Hitlers Regime und dessen Gesetze alle Nicht-Arier ihrer Rechte beraubte und sie aller öffentlichen

2. Deutscher Philosoph und Wissenschaftler (1859-1938), Begründer der Phänomenologie.

Ämter enthob. Am 19. April 1933 wurde Ediths Arbeit als Lehrerin an der Katholischen Pädagogischen Hochschule von Münster beendet. Sie konnte die sich zusammenziehenden Sturmwolken und die Hoffnungslosigkeit ihrer Landsleute nicht mehr ignorieren, ebenso wenig wie ihre eigenen dunklen Vorahnungen. «Allmählich überkam mich echte Verzweiflung … Ich konnte nicht länger die Straße überqueren, ohne zu hoffen, dass mich ein Auto überfahren würde … und ich nicht mit dem Leben davonkäme.»[3]

Eines Tages während einer eucharistischen Anbetung im Karmel von Köln, kurz vor ihrem Eintritt in die Gemeinschaft, betete Edith und war sich des Schattens bewusst, der über ihrem geliebten Deutschland schwebte. Als sie für ihr Volk betete, wurde ihr klar, dass

> «es sein Kreuz war, das auf das jüdische Volk gelegt wurde. Die meisten haben es nicht verstanden; doch diejenigen, die es verstanden, mussten es willig annehmen im Namen aller. Ich wollte das tun, wenn er mir nur zeigte, wie. Als die Anbetung vorüber war, hatte ich die innere Überzeugung, dass ich erhört worden war. Doch worin das Tragen des Kreuzes bestehen sollte, das wusste ich noch nicht.»[4]

Als Edith in den Karmel von Köln eintrat und später ihren neuen Namen erhielt, Schwester Teresa Benedikta vom Kreuz, machte sie eine Anspielung auf diese Nacht im Gebet:

---

3. Maria Amata Neyer, OCD, Edith Stein: *Her Life in Photos and Documents*, trans. Waltraut Stein (Washington, D.C.: ICS Publications, 1998) S. 22.
4. Siehe Cecily Hastings und Donald Nicholl, Übers., *Sister Teresia de Spiritu Sancto (Posselt), Edith Stein* (New York: Sheed and Ward, 1952), S. 118.

> «Ich muss Ihnen sagen, dass ich meinen religiösen Namen schon als Postulantin mit ins Haus brachte. Ich erhielt ihn genauso, wie ich ihn erbeten hatte. Durch das Kreuz habe ich das Schicksal von Gottes Volk verstanden, das sich schon zu dieser Zeit anzukündigen begann. Sicher weiß ich heute mehr darüber, was es bedeutet, im Zeichen des Kreuzes mit dem Herrn vermählt zu sein. Natürlich kann man das niemals begreifen, denn es ist ein Geheimnis.»[5]

Edith Steins letztes philosophisches Werk, im Kloster anlässlich des 400. Geburtstags von Johannes vom Kreuz vollendet, trägt den Titel *Kreuzeswissenschaft*. Nachdem sie und ihre Schwester Rosa Stein am 2. August 1942 von der SS verhaftet wurden, fand ihre Oberin das vollendete Manuskript offen liegend, was bedeutete, dass sie an dem Tag noch daran gearbeitet hatte.

Einige Zeit später fand die Priorin des Klosters einen Brief von Schw. Benedikta vom 5. August 1942, in dem stand: «Ich bin mit allem glücklich. Man kann ein Wissen um das Kreuz nur erwerben, wenn man die Last des Kreuzes fühlt, das mit aller Kraft zu Boden drückt.»[6]

Am Abend des 7. August 1942 stiegen die Geschwister Stein in einen Zug Richtung Auschwitz. Gemeinsam mit anderen Frauen und Kindern starben sie in einer Gaskammer in Auschwitz am 9. August, und ihre Körper wurden in einen Graben geworfen.

---

5. Edith Stein, *The Science of the Cross*, (Washington, D.C.: Institute of Carmelite Studies, 2003), S. xix.
6. Gino Concetti, «Edith Stein,» *L'Osservatore Romano*, 27. April 1987, S. 3-4.

Edith Stein hat uns folgende Worte hinterlassen: «Ich glaube an Gott. Ich glaube, dass die Natur Gottes die Liebe ist, ich glaube, dass der Mensch in der Liebe existiert, von Gott gehalten wird und von Gott erlöst wurde.»[7] Zu den Menschen, die in der Depression stecken, sagt Edith Stein: *Baut Euer Leben auf die Liebe Gottes. Glaubt an das Geheimnis des Kreuzes.* Selbst wenn Sie zornig sind auf Gott, weil Sie glauben, er hätte Ihnen diese Krankheit oder diese Probleme «gegeben», so bauen Sie Ihr Leben doch auf Gott. Bauen Sie Ihr Leben auf das Wasser der Taufe, das Ihre Seele trotz allem reinwäscht. Bauen Sie Ihr Leben auf Ihre wahre Würde als Sohn oder Tochter Gottes. Bauen Sie Ihr Leben auf den Einzigen, der Sie sicher bewahren kann. Werden Sie zu einem stillen Propheten, der hinweist auf die Suche nach Gott — die einzige Suche, die echten Frieden bringen kann.

Anregung zum Gebet

Besorgen Sie sich Weihwasser aus Ihrer Kirche und bewahren Sie es zu Hause auf. Weihwasser erinnert uns an Reinigung und Heilung. Wasser wird zum Reinigen und Heilen verwendet. Die Kirche ermutigt Katholiken dazu, sich mit Weihwasser zu segnen, wenn sie in Gefahr sind, sei es durch Sturm, Krankheit, dramatische Ereignisse oder anderes Unglück. Weihwasser kann in einem sauberen Gefäß aufbewahrt werden. Sie können auch ein kleines Weihwasserbecken kaufen und in Ihrem Zimmer aufhängen. In meiner Familie hatten wir früher in jedem Zimmer Weihwasser. Damit haben wir uns in der Früh als erstes und am Abend als letztes bekreuzigt. Dabei können Sie ein kurzes Gebet sprechen, etwa so:

7. Ibid.

«Durch dieses Weihwasser und durch Dein Kostbares Blut bitte ich Dich um Frieden für Geist und Herz, o Herr.»

Wenn Sie sich in einer Depression befinden

Bewahren Sie ein kleines Notizbuch neben Ihrem Bett auf. Schreiben Sie jeden Abend die Namen von ein oder zwei Leuten hinein, die Ihnen einen Schimmer von Gottes Fürsorge für Sie gezeigt haben.

Wenn sich ein Freund von Ihnen in einer Depression befindet

Wenn Sie beten, dann überdenken Sie die letzten Male, die Sie mit Ihrem Freund, der an Depressionen leidet, zusammen waren. Sind Sie glücklich damit, wie Sie ihm Fürsorge erwiesen haben? Gibt es etwas, das Sie gerne ändern würden? Reden Sie mit Jesus darüber.

Verschiedene Arten der Depression

Depressive Störungen haben verschiedene Erscheinungsformen. Bei Depressionen gibt es mehrere Diagnosen, die zumeist von der Intensität und Dauer der Symptome bestimmt werden sowie von der spezifischen Ursache dieser Symptome, soweit diese bekannt sind. Depression ist eine Krankheit, die man behandeln kann. Sie nimmt bei den verschiedenen Personen unterschiedliche Formen an. Das bedeutet, dass die Behandlung in hohem Maße auf die einzelne Person zugeschnitten sein wird.

Schwere oder klinische Depression

Die schwere Depression, auch bekannt als klinische Depression, ist die ernsteste Form der Depression. Sie ist gekennzeichnet durch schwerwiegende Symptome wie die Beeinträchtigung der Arbeitsfähigkeit, des Schlafes, der Essgewohnheiten und der Fähigkeit, sich an früher gerne betriebenen Aktivitäten zu erfreuen. Solche Episoden von Depressionen, die Sie außer Gefecht setzen, können sich einmal, zweimal oder auch öfter im Leben ereignen.

Dysthymie

Die Dysthymie ist das Ergebnis langanhaltender, chronischer Symptome, die die Person nicht außer Gefecht setzen, sie aber daran hindern, sich jemals gut zu fühlen. Sie ist eine Form der Depression, die weitaus weniger ernst sein kann als eine schwere Depression, obwohl sie einen auf ihre Weise lahm legen kann. Diese Tendenz zu einer depressiven Stimmung kann aus traumatischen Kindheitserlebnissen resultieren, aus schwierigen Übergängen zwischen den verschiedenen Phasen Ihres Lebens, aus dem Verlust nahe stehender Menschen, aus ungelösten Problemen und chronischem Stress. Eine Dysthymie ist gekennzeichnet durch die ständige Präsenz von Symptomen (wie z. B. täglicher, depressiver Stimmung über einen Zeitraum von mindestens zwei Jahren, Schlafstörungen, einem geringen Selbstwertgefühl, Konzentrationsschwierigkeiten, andauernden Kopfschmerzen etc.). Weil sie den Betreffenden nicht in dem Maße beeinträchtigt wie die klinische Depression, wird sie oft nicht diagnostiziert oder vernachlässigt, obwohl sie zu behandeln ist.

Manische Depression

Obwohl weniger verbreitet als die schwere Depression, ist die manische Depression bekannter, da viele bekannte Künstler daran gelitten haben. Die manische Depression hat zwei Seiten — die depressive Seite und die manische Seite. Manisch-depressive Menschen erleben ein Hoch, das allgemein als ein Gefühl von Großartigkeit, Optimismus, als verringertes Bedürfnis an Schlaf und Nahrung, als Reizbarkeit, trügerische Gedanken und Hyperaktivität charakterisiert wird. Auf dieses «Hoch» oder diese Manie folgt eine Periode mehr oder weniger schwerwiegender Depression. Es gibt auch weniger ausgeprägte manische Zustände, die durch enorme Kreativität und Produktivität gekennzeichnet sind. Es folgt eine Periode der Erschöpfung und Gleichgültigkeit. Die manische Depression ist gut zu behandeln.

Zyklothymie

Zyklothymie ist eine mildere Form der manischen Depression. Mildere Formen der Manie wechseln mit milden Anfällen von Depressionen ab. Die Symptome sind weitaus weniger schwer als bei einer ausgeprägten manischen Depression. Mangelnde Stabilität in beruflichen und privaten Beziehungen, die durch unvorhersagbare Stimmungen und durch Reizbarkeit bedingt sind, führen dazu, dass es schwierig ist, mit Menschen zusammenzuleben oder von Menschen abzuhängen, die an Zyklothymie leiden. Die Zyklen der Zyklothymie sind kürzer als bei der manischen Depression, und diese Patienten bemühen sich oft nicht um eine medizinische Behandlung. Wenn sie in ihrer hypomanischen Phase sind, sind sie oft extrem produktiv.

Postnatale Depression

Die meisten Frauen erleben nach der Geburt die eine oder andere Art einer gefühlsmäßigen Störung, nachdem sie geboren haben. Das ist auf den raschen Wechsel der Hormone nach der Geburt genauso wie auf den Stress und auf andere Faktoren zurückzuführen, die mit dem Ereignis verbunden sind. Das kann zu Kummer, Tränenausbrüchen, Reizbarkeit und zu klammernder Anhänglichkeit führen. In einigen Fällen können sich diese «Baby Blues» selbständig machen und Wochen, Monate und sogar Jahre andauern. Sie führen zu Ängsten und Panikzuständen und in einigen Fällen zu psychotischen Zügen und Wahnvorstellungen. Die postnatale Depression tritt in der Regel sechs bis acht Wochen nach der Geburt auf. Die postnatale Depression ist eine Krankheit, die zu behandeln ist.

Jahreszeitlich bedingte Depressionen

Diejenigen, die an jahreszeitlich bedingten Depressionen leiden, werden tendenziell zu einer bestimmten Jahreszeit depressiv, meistens während der Herbst- und Winterzeit (beginnend im Oktober oder November und bis April oder Mai andauernd). Während dieser Zeit verändern sich die Schlafgewohnheiten der Betroffenen. Sie leiden vermehrt an Müdigkeit, Apathie, Reizbarkeit und vermehrtem Appetit. Für jemanden, der an einer solchen Depression leidet, ist es wichtig, so viel Tageslicht wie möglich zu bekommen. Forscher haben auch eine Form der Sommerdepression ausgemacht, die durch starke Hitze oder Licht ausgelöst wird. Diese Form der Depression tritt von Juni bis August auf, kann aber auch Teil von anderen depressiven Erkrankungen sein.

Existentielle Depression

Die existentielle Depression wird durch eine Sinnkrise oder durch ein mangelndes Ziel im Leben hervorgerufen. Übergänge von einer Lebensphase zu anderen, berufliche

Veränderungen und ein neues Gefühl für Lebens- und Sinnfragen können eine existentielle Depression auslösen. Etliche Forscher glauben, dass die Depression oft darauf zurückzuführen ist, dass die Person noch nicht ihre große Leidenschaft im Leben gefunden hat. Sie ist noch auf der Suche nach dem tiefen inneren Urquell des Lebens.

Depressionen, die mit Krankheiten verbunden sind

Gewisse Krankheiten können eine klinische Depression nach sich ziehen. Das gilt für endokrine Krankheiten, neurologische Störungen, Epilepsie, Krankheiten, die das Gehirn angreifen, Virusinfektionen, rheumatische Arthritis, Lupus, Vitaminmangelerscheinungen, Herzkrankheiten, Schlaganfall, Krebs, Diabetes, Multiple Sklerose und andere mehr.

Depressionen, die von Medikamenten hervorgerufen werden

Eine Anzahl von üblichen, rezeptpflichtigen Medikamenten haben Nebenwirkungen, die Depressionen hervorrufen können. Dazu zählen Herzmedikamente, Beruhigungsmittel, Steroide, Stimulantien, Antibiotika, Analgetika und Medikamente gegen Pilze. Fragen Sie Ihren Arzt, wenn Sie den Verdacht haben, dass das Medikament, das Sie einnehmen, eine Depression verursachen könnte.

Depressionen, die von Drogen hervorgerufen werden

Depressive Menschen werden wahrscheinlich eher Alkohol und andere Drogen konsumieren, um sich besser zu fühlen. Und diejenigen, die Alkohol und Drogen konsumieren, werden wahrscheinlich eher eine Depression entwickeln. Während einer Behandlung werden sowohl die Depression als auch die chemische Abhängigkeit behandelt.

7. «Ich werde verrückt!»

«Da sind so viele Stimmen in meinem Kopf. Herr, welche ist Deine Stimme?»

Sean

«Wenn immer wieder quälende Schuldgefühle in meinem Kopf herumgehen, wiederhole ich oft den Satz "Jesus, ich vertrau auf Dich." Und ich suche Rat insbesondere im Sakrament der Versöhnung. Jesu Barmherzigkeit ist viel größer als alles, was ich begehen könnte. Viele, viele Male hat es mir auch schon Frieden ins Herz und in den Geist gebracht, wenn ich mich mit dem Ave Maria oder dem Memorare [Gedenke, oh, gütigste Jungfrau Maria… Gebet des Hl. Bernhard von Clairvaux, Anmerk. d. Übersetzers] an Maria gewendet habe.»

Linda Rose

Wenn jemand ausruft «Ich werde verrückt!», dann liegt die Betonung fast immer auf dem letzten Wort: verrückt. Wie fühlt sich «verrückt» an? Für mich fühlt sich verrückt so an, als ob mein Geist überbelastet wäre und viele Gewitter in meinem Kopf wären. Oder das Gefühl, von kleinen Dingen überwältigt zu werden und auf dem Bordstein sitzen und weinen zu wollen. Für jeden einzelnen fühlt sich «verrückt» ein wenig anders an, und ohne Zweifel könnten wir stundenlang darüber sprechen, wie verrückt wir uns manchmal fühlen. Unglücklicherweise gehen wir zu oft über das Subjekt des Satzes hinweg: «Ich». Dieses «Ich» ist ein sehr wichtiges Wort, das unser *Selbst* bezeichnet. Wer ist dieses *Selbst*?

Ich bin der Sitz der Dreifaltigkeit

Am Beginn unserer Pilgerschaft auf der Erde als Christen — ob sie begann, als wir Kinder waren oder später — wurden wir in der Taufe reingewaschen. Das Wasser ist der physische, sichtbare Ausdruck von Christus, der gestorben und auferstanden ist. Alle Katholiken wurden in dieses Taufwasser getaucht und kamen in diesem Moment in unmittelbaren Kontakt mit Christus, der gestorben und von den Toten auferstanden ist. Wenn der Täufling unter Wasser getaucht wird (oder wenn das Wasser über seine Stirn gegossen wird), dann stirbt er mit Christus und wird mit ihm begraben. Wenn der Täufling aus dem Wasser auftaucht, dann taucht er mit Christus zu neuem Leben auf. Natürlich sind oft alles, was wir wahrnehmen, wenn wir an einer Taufe teilnehmen, die paar Tropfen Wasser, die dem Baby auf die Stirn gegossen werden. Wir hören die Worte: «Ich taufe Dich im Namen des Vaters und des Sohnes und des Heiligen Geistes.» Oft sind wir uns nicht dessen bewusst, was in Wahrheit passiert. Im Augenblick der Taufe dringen der Tod und die Auferstehung Christi in den Täufling ein. Das Taufwasser setzt den Betreffenden in direkten Kontakt mit dem Herrn. Die ganze heilende Kraft des Todes und der Auferstehung Christi sammelt sich und prägt sich dem Täufling ein, weil Jesus selbst jetzt in uns lebt. Es ist wahr. Es ist real.

Genau in diesem Augenblick geht eine totale Umgestaltung in uns vor. Die Sünde und das Böse können uns nicht länger beherrschen, weil der Eine, der das Böse besiegt, in uns ist. Der Eine, der alle Sünde, alle Tränen, alle Krankheiten, alles Böse auf sich genommen hat. Die Taufe verändert das ganze Sein eines Menschen. Sie werden nichts weniger als die Heimstätte der Heiligen Dreifaltigkeit, der Tempel des Heiligen Geistes, in dem der Allerhöchste wohnt. Sie sind das Heiligtum, der lebendige «Tempel», und der ganze Himmel ist in ihnen! Das ist so real, dass die Wüstenväter in aller Ruhe eine Kirche betreten haben, in der eine Taufe gefeiert wurde und sich vor dem frisch getauften Kind hinknieten. Auf die unausweichliche Frage, warum sie dies täten, antworteten sie, dass sie «die Heilige Dreifaltigkeit anbeteten, die gekommen war, um in diesem Kind zu leben». Sie hatten die Augen des Glaubens, um die Realität der Gnade dieses Sakramentes zu sehen.

> ***«Zieh deine Stiefel an und schnelle empor, ins Herz Gottes hinein.»***
> Meister Eckhart

Christus ist der Siegreiche, der in seinem Tod und seiner Auferstehung das Böse besiegt hat. Der Tod, die Sünde, das Unglück und die Zerstörung können nicht das letzte Wort haben. Das letzte Wort ist der Sieg Christi und sein Triumph und seine Fülle. Es gibt nicht länger Tod, der kein Leben bringen könnte, Schmerz, der nicht die Fülle hervorbrächte, Traurigkeit, die sich nicht in tiefe Freude umwandeln könnte. Es gibt keine Begrenzungen, keine Schwächen, keinen psychischen Schmerz oder Depressionen mehr, die stärker wären als der Auferstandene. Wir sind Kinder des Sieges der Auferstehung. Wenn diese Wahrheit nur in uns brennen würde!

Jahrelang habe ich während der Weihnachtsmesse und der Osterandacht geweint, weil ich mich von dem Geheimnis der Liebe abgeschnitten fühlte. Jetzt vergieße ich Tränen des Friedens, in der Gewissheit, dass ich absolut darauf vertrauen kann, dass Gott, der die Liebe ist, mich liebt. Wenn wir den Glauben bewahren, wenn wir durch die Tränen hindurch weiter lieben und hoffen, dann wird die Freude der Auferstehung, die Herrlichkeit Gottes, der mit uns ist, unsere Tränen verwandeln in die ruhige und strahlende Gewissheit von Gottes Liebe. Jetzt können wir den endgültigen Sieg noch nicht sehen, denn auf dieser Welt leben wir in einem Tal der Tränen, und Unglück und Traurigkeit sind Teil unserer Wirklichkeit als Mensch. Doch das wird nicht das letzte Wort sein. Denn wir gehören zu jemandem, der den Tod und den Schmerz bereits besiegt hat. Allen Schmerz hat er in Sieg verwandelt. Das ist unser Glaube. Das ist unsere wahrste Gewissheit.

Was uns verrückt macht!

Verdrehte Gedankengänge sind ein Teil dessen, was uns glauben macht, dass wir verrückt werden. Wenn jemand in einer Depression steckt, scheint es, dass er nur an sich selbst denken könne und daran, wie er durch den Tag kommen könne. Die Depression kann verheerende Auswirkungen auf die Lebensqualität der Person haben und zu dem Sinken ihres Selbstwertgefühls beitragen.

Stewart ist beruflich erfolgreich, aber oft wird er in depressiven Phasen von sehr finsteren Gedanken geplagt. Seine Arbeit verlangt es, dass er in der Öffentlichkeit steht, und so kann er sich nicht sehr lange seinen melancholischen Gefühlen hingeben. Wenn er ganz besonders niedergeschlagen ist oder bemerkt, dass sein Geist voll von depressiven Gedanken ist, dann hört er auf, nach dem Grund zu suchen. Er wendet sich in einem Gebet an Gott. Es ist ein Gebet des Vertrauens und der Hoffnung, das ihm ein Freund vor langer Zeit vorgeschlagen hatte: «Hier, Jesus, nimm Du das. Du bist größer als all diese Gedanken und Gefühle.» Er wiederholt dieses Gebet ganz ruhig und sagt: «Es tröstet mich, zu wissen, dass ich durch dieses Gebet die schwierigen Augenblicke in Akte des Vertrauens und der Hoffnung umwandle.»

Die Depression ist keine «private» Krankheit, wie z. B. ein Geschwür oder ein vorübergehender krankhafter Zustand, wie z. B. Windpocken. Menschen mit einer Depression fühlen sich durch ihre Krankheit stigmatisiert, die sie eventuell auch gar nicht vollständig kontrollieren können. Oft sind sie mit langfristigen Verhaltensproblemen konfrontiert, die mit ihrer Krankheit zusammenhängen. Einige Menschen mit Depressionen leiden darunter, sich vor sich selbst zu ekeln. Andere fürchten sich vielleicht davor, mit Gleichrangigen umzugehen und wieder andere fühlen vielleicht, dass ihr Kampf mit der Depression ihre Glaubwürdigkeit geschwächt hat. Schuldgefühle und Scham können jemanden dazu bringen, dass er sich von Situationen zurückzieht, die die Interaktion mit anderen erfordern. Einige haben das Gefühl, dass etwas mit ihnen nicht stimmte, dass sie anders wären und dass jeder das sehen könnte. Manchmal bemerken wir noch nicht einmal, wie verdreht unsere Wahrnehmungen geworden sind.

Menschen, die an Depressionen leiden, können von ständig wiederkehrenden, irrationalen Gedanken gequält werden. Diese aufdringlichen, sich wiederholenden Gedanken sind unrealistisch und rufen Angstzustände hervor. Die meisten unter uns haben mit einer gewissen Anzahl dieser verdrehten, negativen Gedanken zu tun, doch Leute mit Depressionen können diese als besonders lähmend empfinden.

Weiter unten sind zwölf weit verbreitete verdrehte oder falsche Gedankenmuster aufgeführt. Diese können einfach als solche erkannt werden, weil sie weitere schmerzhafte Gefühle hervorrufen (wie z. B. Sorgen und Ängste) und die Ursache für fortwährende Konflikte mit anderen Menschen sein können.

Das Alles-oder-Nichts-Denken: Alles im Leben wird zu einer Situation, in der es um alles oder nichts geht, um schwarz oder weiß. Da gibt es kein Zwischendrin, keinen Raum für Fehler. *Ich bin nicht so befördert worden, wie ich es mir gewünscht hatte. Also muss ich ein totaler Versager sein, und ich werde niemals in meinem Leben befördert werden.*

Übermäßige Verallgemeinerung: Grob verallgemeinernde Schlussfolgerungen werden gezogen und basieren doch nur auf einem einzigen Beweisstück. *Mein neuer Freund hat mich nicht zum Essengehen eingeladen. Niemand kann mich jemals wirklich mögen oder mich zum Freund wollen.*

Katastrophenalarm: Alles — egal, wie unbedeutend es ist — wird zur Katastrophe. *Ich habe Magenschmerzen; das muss ein Geschwür sein.*

Kontrollwahn: Sie haben das Gefühl, dass alles im Leben von außen kontrolliert wird oder dass Sie persönlich für alles verantwortlich sind. *Ich kann das Büro unmöglich pünktlich verlassen. Alles würde zusammenbrechen, wenn ich nicht nachts weiterarbeiten würde.*

Alles persönlich nehmen: Alles wird so interpretiert, als ob es sich auf Sie bezöge. *Ich weiß, dass jeder im Büro den Fleck* *auf meiner Krawatte gesehen hat. Sie müssen alle denken, dass ich ein Trottel bin.*

Falsche Vorstellungen über Gerechtigkeit: Sie beurteilen die Handlungen der anderen nach Ihren vorgefassten Meinungen darüber, was gerecht, richtig und recht ist. *Wenn ich den Kindern wirklich wichtig wäre, würden sie rechtzeitig zum Essen kommen.*

Emotionales Denken: Sie sind überzeugt, dass alles, was Sie fühlen, die Wahrheit ist. *Ich fühle mich hässlich, also bin ich hässlich.*

Erwartungshaltung an die anderen: Sie entscheiden, dass eine Situation sich nur dann bessern kann, wenn ein anderer sich nach Ihren Vorstellungen ändert. Ihre Zufriedenheit hängt davon ab, ob er/sie sich ändert. *Wenn meine Frau mich doch nur besser verstünde, dann müssten wir nicht soviel streiten.*

Schubladendenken: Sie fällen ein allgemeines Urteil nach einem einzigen Vorkommnis. *Meine Sekretärin hat einen Rechtschreibfehler übersehen. Entweder sie kann kein Deutsch oder sie gibt sich nicht genug Mühe und verdient es, gefeuert zu werden.*

Muss-Regeln: Sie sehen das Leben und das Verhalten durch das Raster eines unanfechtbaren Regelwerkes, nach dem jedermann handeln muss. *Ich darf niemals ärgerlich werden oder streiten.*

Übertreiben und kleinreden: Sie reden das Gute klein und das Schlechte stellen Sie übertrieben dar. Nach einer einwandfreien Präsentation habe ich keine einzige Frage beantworten können. *Jeder gratuliert mir zu der wunderbaren Arbeit, aber ich entschuldige mich wortreich dafür, auch nicht eine Frage beantwortet haben zu können.*

Gedanken lesen: Sie stellen Vermutungen auf und ziehen Schlussfolgerungen aus den vermeintlichen Gedanken der anderen. *Der Chef ist heute morgen dreimal an meinem Schreibtisch vorbei gekommen. Er muss mich kontrollieren wollen, weil er denkt, dass ich meine Arbeit nicht erledige.*

Jeder von uns hat regelmäßig mit einem oder mehreren dieser verdrehten Gedankenmuster zu tun. Ein gutes Selbsthilfebuch wird Ihnen rationale Verbesserungsvorschläge für diese verzerrten Wahrnehmungen machen. Die meisten dieser Bücher lehren Sie, wie Sie Ihre eigenen negativen Gedankenmuster erkennen können sowie die Gefühle, die damit einhergehen. So können Sie diese negativen Gedankenmuster durch wahrheitsgemäße Gedanken ersetzen, die Ihnen Frieden bringen. So können Sie z. B. anstelle zu denken: «Ich bin nutzlos», was Sie nur noch depressiver macht, sich über folgendes klar werden: «Ich kann hart arbeiten, wenn es mir gut geht. In diesem Moment muss ich sanft mit mir selbst umgehen und auf Gottes Hilfe vertrauen.»

Fürs erste jedoch betrachten Sie zwei oder drei der oben genannten Gedankenmuster, die Sie an sich selbst wieder erkannt haben. Setzen Sie sich in einem ruhigen Moment mit Jesus hin. Reden sie mit ihm über jedes dieser Gedankenmuster. Wirken sie sich in Ihrem Leben, in Ihren Beziehungen, bei Ihrer Arbeit zerstörerisch aus? Haben Sie neue Einsichten darüber gewonnen, was sich in Ihrem Leben abspielt? Lassen Sie Jesus dazu etwas aus seiner Sichtweise sagen. Schreiben Sie auf, was er sagt. Schreiben Sie eine Sache auf, die Sie ihm gerne antworten möchten.

> ***«Nichts soll dich beunruhigen, nichts soll dich ängstigen. Alles geht vorüber. Gott allein bleibt.»***
> Heilige Theresa von Avila

Wir verbringen 90 Prozent unserer Zeit damit, beim Negativen in unserem Leben zu verweilen, das in Wirklichkeit nur einen Bruchteil unserer Lebenserfahrungen ausmacht. Wir verbringen nur 10 Prozent unserer Zeit damit, uns an dem zu erfreuen, was positiv und wunderbar ist, an dem, was wir erreicht haben, an den überraschenden Wendungen und an den Wünschen, die sich erfüllt haben. Fangen Sie damit an, dieses Verhältnis umzukehren, indem Sie eine gewisse Zeit in der Woche darauf verwenden, Ihrer Dankbarkeit Ausdruck zu verleihen. Legen Sie eine Zeitspanne fest, die realistisch für Sie ist. Machen Sie diese Zeit zu einer heiligen Zeit, so dass sie nicht aus Ihrem Stundenplan verdrängt werden kann. Nutzen Sie Ihre «Zeit der Dankbarkeit», Gott zu danken für gute Erfahrungen, Überraschungen und wunderbare Sachen, die Ihnen im Laufe der Woche widerfahren sind. Behalten Sie diese Übung bei, und Sie werden allmählich bemerken, dass Ihre Gedanken weniger Verzerrungen und mehr Wirklichkeit widerspiegeln.

Anregung zum Gebet

Diese Betrachtungen des Kreuzweges können Sie beten, wenn Sie sich in einer negativen Verzerrung Ihrer Wirklichkeit gefangen fühlen. Die herkömmlichen vierzehn Stationen können durch andere «Haltepunke» entlang der *Via Crucis* ersetzt werden. Diese folgenden Stationen beinhalten eine Betrachtung und ein Gebet, das jeweils eine der verzerrten Wahrnehmungen, die wir in diesem Kapitel zusammengefasst haben, hervorhebt. Sie können diesen Kreuzweg als eine Zeit betrachten, in der Sie Ihr Leiden mit Jesu Leiden vereinen.

Erste Station

Jesus im Garten Gethsemani

Jesus, manchmal scheinen Situationen entweder ein totaler Erfolg oder ein verheerender Misserfolg zu sein. Bitte hilf mir dann, das Geheimnis des «Mittelwegs» zu finden, in dem Misserfolge Erfolge sind und einige Erfolge zum Teil Misserfolge. Du hast uns erlöst und für uns das ewige Leben gewonnen durch dein anscheinendes Versagen am Kreuz. Jesus, sei mir nahe in den Momenten, in denen ich mich in Todesängsten befinde, sei mir Trost und weise mir die Richtung.

Zweite Station

Jesus wird von Judas verraten und wird verhaftet

Jesus, manchmal fühle ich mich verlassen von den Menschen, denen ich vertraut habe. Manchmal verstehe ich nicht, was die anderen sagen oder tun. Bitte gib mir dann den Mut, um Klarstellungen und Erklärungen zu bitten, anstelle verallgemeinernde Schlussfolgerungen aus einem einzigen Beweisstück zu ziehen. Lehre mich, das Geheimnis des anderen, von dem ich mich verletzt fühle, zu respektieren — so wie Du bis zum Schluss Deinen Respekt vor Judas aufrechterhalten hast. Jesus, wenn meine Stimmung anfängt, in den Keller zu gehen, weil jemand anders das und das gesagt oder getan hat — dann nimm mich ganz fest in den Arm.

Dritte Station

Jesus wird durch den Hohen Rat verurteilt

Jesus, bitte hilf mir, den wichtigen Dingen ihre Bedeutung zu lassen. Aber hilf mir bitte ganz besonders, all die unbedeutenden Dinge in meinem Leben auch unbedeutend zu halten. Wenn sich alles zu einer Katastrophe auszuwachsen scheint, dann lass mich daran denken, wie Du vor dem Hohen Rat standest. Du hast Deine Selbstachtung und das Vertrauen, dass Dein Vater Dir helfen würde, nicht verloren. Jesus, wenn die Welt um mich herum außer Kontrolle zu geraten scheint, dann erinnere mich daran, dass *unser* Vater sich um uns kümmert.

Vierte Station

Jesus wird von Petrus verleugnet

Jesus, hilf mir zu erkennen, dass es Dinge gibt, die außerhalb meiner Kontrolle liegen. Hilf mir zu erkennen, dass ich mich noch so sehr bemühen und doch nicht alles perfekt machen kann. Hilf mir, in das Geheimnis der Machtlosigkeit vorzudringen, in dem Moment, in dem Dein auserwählter Apostel es geleugnet hat, Dich auch nur zu kennen und Dich alleine dem Tode überließ. Hast Du Dich gefragt, warum Du hart daran gearbeitet hast, diesen Mann zu unterrichten, damit er Dich zum Schluss verleugnet? Oder hast Du die Zukunft Deines Königreichs in Gottes Hand gelegt? Dein Tod bedeutete ja, dass Du jede Kontrolle aufgegeben hattest. Jesus, wenn ich denke, ich hätte alles unter Kontrolle, dann brich sanft meine Hände auseinander und hilf mir, loszulassen. Lehre mich, wieder zu lachen und zu spielen.

Fünfte Station
Jesus wird von Pilatus verurteilt

Jesus, bitte steh mir bei, wenn ich das Gefühl habe, dass andere mich verurteilen oder mich niedermachen. War es Dir peinlich, als Du vor all diesen Leuten verurteilt wurdest? Manchmal fühle ich mich so. Ich interpretiere die Kommentare der Leute, sogar die Art, wie sie mich anschauen, als würden sie mich verurteilen oder lächerlich machen. Jesus, wenn es mir vorkommt, als würden alle Leute mich anstarren, berge mich im Schutz Deiner Liebe.

Sechste Station
Jesus wird gegeißelt und mit Dornen gekrönt

Jesus, das war so ungerecht. Was hast Du gedacht, als die Soldaten Dich geißelten und sich über Dich lustig machten, Dich mit Dornen krönten und als König verspotteten? Ich wäre zornig auf sie gewesen, dass sie einen Narren aus mir machten. Aber Du hast weiter geblickt; Du wusstest, dass nicht alles im Leben gerecht ist, dass andere uns manchmal ungerecht behandeln. Jesus, manchmal denke ich, dass andere mich nicht fair behandeln. Bitte hilf mir, mich daran zu erinnern, dass es Dir genauso erging, dass Du diesen Weg vor mir gegangen bist. Erinnere mich daran, dass ich durch das Geheimnis des Leidens meine Leiden mit Deinen Leiden vereinen kann und somit Anteil an Deinem Werk der Erlösung haben kann.

Siebte Station

Jesus trägt das Kreuz

Jesus, wie hast Du Dich gefühlt, als Du durch die bevölkerten Straßen Jerusalems zum Kalvarienberg gegangen bist? Hast Du Dich vielleicht gefragt, ob Du Dich nach allem, was vorgefallen war, geirrt haben könntest? Wenn Du die Dinge anders gemacht hättest, dann hättest Du vielleicht nicht so enden müssen wie ein zum Tode verurteilter Krimineller? Hattest Du Angst, als die Leute sich um Dich drängten und wolltest Du den Soldaten ausweichen? Manchmal denke ich, ich wäre ein schlechter Mensch. Ich trage mein Kreuz der Depression und denke, ich wäre schlecht, ich wäre ein Versager und ich wäre hässlich. Jesus, manchmal denke ich so über mich. Bitte hilf mir dann, mich daran zu erinnern, dass das nicht wahr ist. Hilf mir, neben dir zu gehen, wenn ich mein Kreuz trage und in Deine Augen zu sehen. Lass mich darin sehen, wer ich in Wahrheit bin in Deinen Augen, die mich immer mit Liebe anblicken.

Achte Station

Simon von Zyrene hilft Jesus, das Kreuz zu tragen

Jesus, hattest Du gehofft, dass jemand Dir helfen würde, das Kreuz zu tragen? Oder warst Du überrascht, als die römischen Soldaten Simon gezwungen haben, Dein Kreuz auf seine Schultern zu nehmen? Oft erwarte oder verlange ich, dass ein Simon auftauchen solle, dass jemand seine Haltung ändern und mir weiterhelfen möge. Wenn mein Simon nicht auftaucht, Herr, dann sei Du mein Simon.

Lass mich nicht bitter werden und alle anderen für meine Probleme verantwortlich machen. Jesus, zeige mir Dein Angesicht, und meine Seele wird gerettet werden.

Neunte Station
Jesus trifft auf die Frauen von Jerusalem

Jesus, die Frauen waren so voller Mitleid. Was haben sie in Dir gesehen? Es wäre für Dich so einfach gewesen, die gesamte Menschheit zu verfluchen für das, was sie Dir angetan hat. Doch Du bist nicht in die Falle gelaufen und hast nicht alle über einen Kamm geschoren. Du warst immer noch offen für die Freundlichkeiten, die Dir diese Frauen erwiesen haben. Manchmal fälle ich generelle Urteile aufgrund der Handlungen von einigen wenigen. Bitte sende mir Menschen wie die Frauen am Wegesrand zum Kalvarienberg, um mich an die Schönheit des Lebens und an die endgültige Verlässlichkeit der Liebe zu erinnern.

Zehnte Station
Jesus wird gekreuzigt

Jesus, wenn Du gewollt hättest, hättest Du das letzte Wort haben können. Du hättest Dich rechtfertigen können. Du hättest jedem in der Nähe des Kreuzes beweisen können, dass Du Gottes Sohn bist. «Steige herab vom Kreuz und wir werden Dir glauben», höhnten sie. Du hättest das tun können. Jesus, ich finde es so hart, nicht das letzte Wort zu haben, besonders wenn ich recht *habe*. Jesus, der Du die Wahrheit bist, lass mich darauf vertrauen, dass die Wahrheit am Ende immer herauskommt. Damit will ich mich nicht vor anderen rechtfertigen, sondern in der richtigen Beziehung zu Dir, zu mir und zu den anderen stehen. Darauf kommt es letztendlich an.

Elfte Station

Jesus verspricht dem guten Schächer das Himmelreich

Der gute Schächer hatte gute Nerven, Dir in diesem letzten Augenblick vor seinem Tod zu vertrauen. Du hättest ihm als erstes sagen können, dass er niemals das Gesetz hätte brechen dürfen. Du hättest ihm eine Predigt halten können. Aber Du hast es nicht getan. Du hast gesehen, dass es im Leben um mehr als um Regeln geht, obwohl diese darin ihren Platz haben. Das Leben hat mit Versöhnung und Annehmen zu tun und mit der Liebe, die das Gute um sich schafft. Wenn ich den anderen oder mir sagen will, was sie oder ich tun müssen, dann lehre mich das Geheimnis der schöpferischen Liebe, die reuigen Sündern die ewige Glückseligkeit verheißen kann.

Zwölfte Station

Jesus begegnet seiner Mutter und dem Jünger

Es muss hart gewesen sein für Maria, neben dem Kreuz zu stehen. Es standen Menschen um sie herum, die Dich tot sehen wollten. Sie sah das Kind, das sie in ihren Armen gewiegt hatte, das bis zur Unkenntlichkeit auf den Armen des Kreuzes ausgestreckt war. Sie hörte, wie Du dem guten Schächer ewige Glückseligkeit in Deinem Reich versprachest.

Sie empfing die Aufgabe, für Johannes wie für den eigenen Sohn zu sorgen. In Wahrheit sind wir alle unter dem Kreuz zu ihren Kindern geworden. Maria war in der Lage, die Schönheit und das Leid dieser letzten Stunden des gemeinsamen Lebens auszuhalten, ohne in Zorn auszubrechen, noch den Wert des Guten zu schmälern. Jesus, bitte vertraue mich aufs Neue dieser wundervollen Mutter an, damit ich das Gute in mir und um mich herum nicht schmälere und das Schlechte nicht größer mache. Maria, sei meine sichere Hoffnung.

Dreizehnte Station
Jesus stirbt am Kreuz

Jesus, niemand kennt Deine letzten Gedanken, als Du starbst. Es gibt die traditionellen «sieben letzten Worte», an die das Evangelium erinnert. Doch ich frage mich, was Du noch gedacht hast? Manchmal glaube ich, die Gedanken der Menschen lesen zu können. Manchmal misstraue ich der Haltung der Menschen mir gegenüber. Doch ich muss niemals Angst haben vor dem, was Du von mir denkst, denn Du kannst nur lieben und überall um Dich herum nur Liebe schaffen.

Vierzehnte Station
Jesus wird ins Grab gelegt

Ich kann mir vorstellen, dass die gesamte Natur trauerte, als Du, mein Jesus, ins Grab gelegt wurdest. Als ob alles Lebende Deinen heiligen, leblosen Körper gewiegt hätte. Jesus, ich bin niemals allein. Ich werde in den Armen Deines Vaters gewiegt. Ich werde vom Universum gehalten. Ich bin im Netz des Lebens und der Geschichte mit jedem anderen Menschen verbunden, der jemals auf diesem Planeten gelebt hat. Und jetzt kann ich fühlen, wie die ganze Schöpfung stöhnt und auf *meine* Auferstehung wartet, auf den Moment, in dem ich mich erheben werde und die Tränen abgewischt sein werden und das Leid nicht mehr sein wird. Jesus, Du auferstandener Herr und Retter, sei mein Erlöser. Amen.

Wenn Sie sich in einer Depression befinden

Finden Sie ein Musikstück oder ein Kunstwerk, das Ihnen hilft, Gottes Gegenwart in sich zu spüren. Wenn es ein Kunstwerk ist, platzieren Sie es an einem gut sichtbaren Ort in Ihrem Zimmer, wo Sie es jeden Tag sehen können. Wenn es ein besonderes Musikstück ist, dann hören Sie es oft, besonders wenn Sie niedergeschlagen sind.

Wenn sich ein Freund von Ihnen in einer Depression befindet

Versuchen Sie, einen Weg zu finden, Ihren Freund als Tempel Gottes zu feiern. Das könnte etwas so Einfaches sein, wie mehr Hilfsbereitschaft und Respekt zu zeigen. Vielleicht haben Sie auch Lust, ihm kurze christliche Sprüche oder E-mail-Botschaften zu schicken.

Wie man zwanghafte, unrealistische Gedanken in den Griff bekommt

Wer an Depressionen leidet, hat mit negativen, unvernünftigen und zwanghaften Gedanken zu kämpfen. Nicht nur, dass diese Gedanken aus allem «eine große Sache» oder eine «Katastrophe» machen. Nein, sie erschweren es einem auch, daran zu glauben, dass Gott — oder irgendjemand anderes — Sie liebt. Diese Gedanken können dazu führen, dass man sich fragt, ob das Leben irgendeinen Sinn hat oder ob man sich allein und verlassen im Universum befindet. Obwohl sich diese finsteren Gedanken beim Nachlassen der Depression allmählich aufhellen werden, können Sie sich «wahrhaftige» Gedanken angewöhnen. Dazu sollten Sie sich mutig Ihren finsteren Gedanken stellen und oft kurze Gebete sprechen, die sich kontinuierlich wiederholen, sogenannte Mantras. Im folgenden finden Sie Richtlinien, wie Sie diesen finsteren Gedanken begegnen können, und einige verschiedene Mantras zur Auswahl, die sie beten könnten. Ein bestimmtes Mantra kann Sie ansprechen, weil es das ausdrückt, was Sie schon immer sagen wollten. Es kann auch sein, dass Sie sie abwechselnd beten möchten, je nach Tag oder Stimmung. Je mehr Sie Ihren Geist mit Gedanken beschäftigen, die reinigen und stärken, desto weniger Macht werden depressive Gedanken über Sie haben. Einige sind traditionelle Mantras, andere zeigen modernere Wege der Annäherung an Gott. Wieder andere sind mir vorgeschlagen worden, und ich fand sie hilfreich, um den zwanghaft negativen und «beschämenden» Selbstgesprächen entgegenzuwirken.

Grundlegende Richtlinien, um unvernünftige Gedanken zu verändern:

Wägen Sie die Forderung oder die Äußerung ab. (z. B. 1. Sie *sollten* dies tun. «Möchte ich das wirklich? Ist es wirklich zu meinem Besten, dies zu tun?» 2. Was ist, wenn das und das passiert? «Bis jetzt ist es noch nicht passiert. Wie hoch ist die Wahrscheinlichkeit, dass es passieren wird?»)

Nehmen Sie den Druck weg. (z. B. 1. Ich darf nein sagen. Wenn ich ja sage, dann muss ich das nicht in Eile tun, und es wird nicht furchtbar sein, wenn ich merke, dass ich meine Meinung ändern muss. 2. Wenn letzteres passiert, dann mag das peinlich oder enttäuschend sein, aber es wird nicht furchtbar sein und auch keine Katastrophe.)

Setzen Sie sich Ziele. (z. B. 1. Setzen Sie sich kleine, realistische Ziele. Bestimmen Sie Ihr Tempo. 2. Überlegen Sie, ob Sie etwas dagegen tun können, dass das negative Ereignis eintritt. Wenn ja, dann tun Sie es. Wenn nicht, dann akzeptieren Sie es, dass Sie nichts dagegen tun können.)

Mantras, um den Frieden und die Wahrheit zu finden

Herr Jesus Christus, erbarme Dich meiner.
(Das Herzensgebet)

Jesus.

Geist Jesu, lass mich Deine sanfte Stimme hören.
(Francis Libermann)

Herr, ich bin Dein Augapfel. (Rev. Jack Tackney)

Ich habe einen Blick auf Dich, meine Liebe,
erhascht, und Du bist wunderschön.
(Kathryn J. Hermes, FSP)

Meine Hoffnung ist in meinem Geliebten, meine
Stärke und meine Freude. (Nan C. Merrill)

Mir geschehe, wie Du es gesagt.
(Maria, Muttergottes)

Ich berge deinen Spruch im Herzen […].
(Psalm 119,11)

Ich glaube, dass Gott die Liebe ist,
dass Gott uns hält und uns rettet.
(Hl. Edith Stein)

8. Summen Sie ein Lied in der Dunkelheit

«O Nacht, die uns den Weg weist! O Nacht, die Du schöner bist als das Morgenrot! O Nacht, die den Liebenden mit dem Geliebten vereint und den Geliebten in den Liebenden verwandelt.»

Hl. Johannes vom Kreuz

«Eine der Sachen, die mir in der Depression am schwersten fallen, ist es, die Gebetszeiten zu überstehen. Es ist mir fast unmöglich, schweigend dazusitzen und mich zu sammeln, ohne dass ein nagendes Gefühl der Angst in mir hochsteigt oder dass mich unangenehme Erinnerungen oder Gedanken überfallen. In solchen Momenten hilft es mir, das Gebet der Gegenwart zu praktizieren, wobei ich solange dableibe, solange ich dabei im Frieden bin. Ganz ruhig bin ich mir der Gegenwart Gottes bewusst, in meinem Inneren, um mich herum, mit mir. Ich bin da für Gott. Ich liebe Gott, und ich weiß, dass er mich liebt. Mehr braucht es nicht für dieses Gebet. Es sind keine großen Gedanken oder überwältigende Gefühle nötig.»

MaryJo

Der Heilige Johannes Vianney, der berühmte Pfarrer aus dem kleinen französischen Dorf Ars, ist bekannt als der heilige und bescheidene Priester, der sechzehn bis achtzehn

Stunden am Tag Beichte hörte und den Menschen, die in großer Anzahl zu ihm kamen, seinen Rat gab. Er tat außergewöhnlich viel Buße und fastete viel für die Bekehrung der Sünder und wurde während seines ganzen Lebens als Priester vom Teufel drangsaliert. Der Teufel soll einmal gesagt haben, dass er seine Herrschaft verlieren würde, gäbe es nur drei Priester auf der Welt wie den Pfarrer von Ars.

«Sie müssen nicht sehr laut rufen; Gott ist uns näher, als wir denken.»
Bruder Lorenz

Was weniger bekannt ist, ist die niederdrückende Depression, die ohne Unterlass während seines ganzen Lebens auf Johannes Vianneys Seele lastete. Obwohl er der gefragteste Mann in ganz Frankreich war, schien er unfähig, das viele Gute zu sehen, das er tat. Er fühlte sich nutzlos, trotz zehntausender Pilger, die jedes Jahr nach Ars reisten, um von ihm die Sakramente oder einen Rat zu erhalten. Der Priester, der den Glaubens eines Dorfes wiedererweckt hatte und ganz Frankreich durch seine Predigten und Heiligkeit in Flammen gesetzt hatte, fühlte sich so weit von Gott entfernt, dass er befürchtete, keinen Glauben mehr zu haben. Er glaubte, dass er weder Intelligenz noch die Gabe der Unterscheidung besäße. Es ist, als ob Gott einen Schleier über seine Augen geworfen hätte, so dass er nichts von dem wahrnähme, was Gott durch ihn für die anderen tat. Der Pfarrer fürchtete, dass er alles verkehrt machte und Gott hinderlich sei.

Die Wurzel von Johannes Vianneys schwerer Depression lag in seiner Sorge, es jedes Mal falsch zu machen und die Tausende, die nach Ars reisten, trugen noch zu seiner panischen Angst bei. Es kam ihm nie in den Sinn, dass er eine besondere Gnade besitzen könnte. Stattdessen befürchtete er, dass die langen Schlangen von Beichtwilligen vor seiner Dorfkirche ein Zeichen für seine Scheinheiligkeit seien. Nicht einen Augenblick lang fühlte er, dass Gott zufrieden mit ihm war. Eine große und tiefe Traurigkeit nahm seine Seele so sehr in Besitz, dass er sich schließlich gar keinen Trost mehr vorstellen konnte.

Manchmal schienen die Stürme der Depression so stark zu werden, dass sie ihn in der Einsicht seiner eigenen Armseligkeit zu ertränken schienen. Dann neigte der Pfarrer sein Haupt, warf sich vor Gott zu Boden wie «ein Hund zu Füßen seines Herrn» und ließ den Sturm an sich vorübergehen, ohne seinen Entschluss zu ändern, Gott nach besten Kräften zu lieben und ihm zu dienen. Doch er behielt dieses Leiden so für sich, dass mit Ausnahme einiger Vertrauter die meisten Leute in seinem Betragen nur Heiterkeit und Güte sahen.

Jesus ist mit Ihnen in der Dunkelheit

Sie können feststellen, dass die Schatten und Stürme der Depression die Art und Weise ändern, wie Sie Gott ansehen und wie Gott Sie Ihrer Meinung nach ansieht. Während des Gebets können Sie vielleicht unmöglich stillsitzen oder sich nicht länger als einige Augenblicke sammeln. Alles mag Ihnen als ein riesiger, gähnender Abgrund des Schweigens und so nutzlos erscheinen. Es mag scheinen, als ob Gott sich über Ihre Versuche, zu beten, lustig machen würde. Ich kenne Leute, die drei, fünf, zehn Jahre lang nicht «gebetet» haben, obwohl sie ihrer Gebetszeit treu blieben, auch wenn es sinnlos erschien. In der quälenden Dunkelheit, in der jede Verständigung verstummte, stießen sie auf Einsamkeit, Langeweile, Enttäuschung, Zorn. War das Gebet? Ja! Es war Gebet!

«Lebe im Glauben und in der Hoffnung, mag es auch im Dunkeln sein. Wirf Deine Sorgen auf Gott.»
Hl. Johannes vom Kreuz

«In den schlimmsten Zeiten meiner Depression war mir das Gebet des Rosenkranzes eine große Hilfe», sagte Josef, ein Angestellter einer großen Buchhandelskette. «Ich kaufte Bücher mit den verschiedenen Geheimnissen des Rosenkranzes, den eucharistischen Geheimnissen, den marianischen Geheimnissen, den Geheimnissen der Passion, den Geheimnissen des Heiligen Geistes … Das bot mir viel Abwechslung und half mir, mich auf das Gebet zu konzentrieren und einigermaßen ruhig zu bleiben. Es flößte meinem Herzen Frieden und Ruhe ein.»

Die Todesangst Christi in diesem leeren Raum, der nur von Dunkelheit und Abwesenheit erfüllt scheint, zu erkennen, ruft den depressiven Menschen dazu auf, im Jetzt zu sein, auch wenn das Jetzt Dunkelheit ist. Es gibt einen Gott in diesem leeren Raum, den Gott Jesu. Vor diesem Gott dazusein, zu wissen, dass Jesus mit Ihnen und für Sie in der Dunkelheit ist, das ist Gebet. Es ist Gebet, selbst wenn keine Worte oder keine Handlung der Liebe Ihr Herz durchdringen. Gottes bleibende Liebe ist in der Tiefe des leeren Raumes und wird Sie nie im Stich lassen. Sie sind alleine in diesem Raum mit Gott, und Sie verharren beide im Schweigen. Wer mit Ihnen leidet, ist Jesus, der verlassene Sohn am Kreuzesstamm. Wenn es jemandem unmöglich ist, an einem Gedanken festzuhalten oder zu beten, dann betet und betrachtet Jesus in der betreffenden Person. Tag für Tag, Augenblick um Augenblick, während Sie im Dunkeln umhertappen, sind Sie nicht allein. Jesus kämpft mit Ihnen. Er ist da und fühlt alles, was Sie fühlen. Nichts bleibt von ihm unbemerkt oder von seinem Vater. Durch den Geist Jesu, der in Ihnen ist, haben Sie Hoffnung auf Frieden.

Anregungen zum Gebet, wenn Sie in der Depression stecken

Der heilige Gregorius von Nazianz schrieb diese Worte zu einer Zeit, als Angst und Niedergeschlagenheit jeden Raum für Gebet aus seiner Seele verdrängt hatten:

Der Atem des Lebens, o Herr, scheint erloschen.
Mein Körper ist starr, mein Geist voller Angst,
auch habe ich keinen Schwung, keine Kraft.
Ich bin hilflos, meine Ängste zu lindern.
Ich bin unfähig, meine Glieder zu entspannen.
Dunkle Gedanken dringen ohne Unterlass
in meinen Kopf ein …
Herr, hebe meine Seele empor,
belebe aufs neue meinen Körper.

Wenn es das ist, was Sie fühlen, dann versuchen Sie folgende Formen des Gebetes und der betrachtenden Liebe:

1. *Versuchen Sie, einen ruhigen Platz zu finden.* Legen Sie leise und beruhigende Musik auf. Atmen Sie ein paar Mal tief ein, halten Sie jeden Atemzug für einige Sekunden an, und atmen Sie dann langsam aus. Entspannen Sie sich. Fühlen Sie den Stuhl, auf dem Sie sitzen, Ihre Füße auf dem Boden. Riechen Sie die Gerüche und Düfte in dem Raum. Stellen Sie sich vor, wie Jesus auf Sie zukommt und Sie anlächelt. Sagen Sie ihm, wie es Ihnen gerade jetzt geht. Ob Sie ängstlich, verlegen, nervös, zerstreut sind oder ob Sie sich konzentrieren wollen. Sagen Sie ihm, wie es heute um Sie steht. Öffnen Sie ihm Ihr

Herz. Fühlen Sie seine Gegenwart ganz nah. Lassen Sie seine Liebe in Ihr Herz hinein. Danken Sie ihm für dieses Geschenk.

2. *Machen Sie einen Spaziergang.* Nehmen Sie angenehme Musik mit. Nehmen Sie während des Gehens den Himmel wahr, fühlen Sie die Jahreszeit. Seien Sie aufmerksam für Ihre Umgebung. Fühlen Sie sich hier und jetzt zu Hause. Opfern Sie Ihr Herz Jesus auf, auch wenn Ihr Schmerz tief ist. Wenn Sie auch alleine spazieren gehen, so ist Jesus doch in Ihrem Herzen. Erzählen Sie ihm, was Sie sehen …die Schönheit um Sie herum. Sagen Sie ihm, wie Sie sich fühlen …auch wenn alles dunkel ist. Erinnern Sie sich daran, dass er möchte, dass Sie ihm *alles* aus Ihrem Leben erzählen …Freuden und Schmerzen.

3. *Rufen Sie sich jemanden ins Gedächtnis, den Sie kennen und der leidet oder krank ist.* Konzentrieren Sie sich einige Minuten auf das, was diese Person fühlen könnte und darauf, was Sie ihr gerne sagen würden. Bringen Sie diese Person namentlich vor Jesus und bitten Sie ihn um seinen Segen für diese Person.

4. *Halten Sie ein Kreuz in Ihren Händen.* Schließen Sie die Augen und denken Sie an Jesus in seiner Todesangst. Fügen Sie Ihr Leiden dem seinen während seiner Erlösungstat hinzu.

5. *Wenn Sie sich niedergeschlagen fühlen, dann gehen Sie an einen ruhigen Platz und nehmen Sie Ihre Bibel in die Hand.* Lesen Sie den Psalm 130 oder konzentrieren Sie sich auf einen Satz daraus. Nehmen Sie Ihre Gefühle bereitwillig an, auch wenn sie unangenehm sind. Seien Sie gewiss, dass Gott Sie in diesen Momenten der Dunkelheit liebt.

6. *Wenn Sie nicht in der Lage sind, sich zu konzentrieren, weil Ihre Gedanken rasen, dann versuchen Sie, sich an folgende Worte zu erinnern und beten Sie: «Mein Gott, ich liebe Dich.»* Öffnen Sie sich für Gottes Liebe.

7. *Machen Sie sanfte Musik an.* Lesen Sie diesen Bibelvers wieder und wieder und denken Sie darüber nach: «Mein Gott, mein Gott, warum hast du mich verlassen?» (Mk 15,34) Das ist Jesu eigenes Gebet im Moment der Leere und der Verlassenheit.

8. *Wenn Sie an einer Kirche vorbeikommen, dann gehen Sie kurz hinein.* Machen Sie eine Pause und verbinden Sie sich mit dem, der Sie liebt.

9. *Wenn Sie nicht aufstehen können, dann bleiben Sie still liegen und wiederholen leise immer wieder den Namen Jesus, Jesus, Jesus.* Seine Liebe erfasst diese Worte, und er umarmt Sie liebevoll.

10. *Gehen Sie zur eucharistischen Anbetung* und verbringen Sie diese Zeit in Gottes Gegenwart.

Dort, wo Gott ist

Bei Schwester Thomas Halpin wurde mit achtunddreißig Jahren eine Depression festgestellt. Auf der einen Seite war es eine Erleichterung für sie, eine Erklärung für ihre psychotischen Zustände und ihre Selbstmordgedanken zu haben. Auf der anderen Seite hatte sie das Gefühl, ihr Leben würde auseinander brechen. Da wir uns oft ausgetauscht hatten, wusste ich einiges von ihrer Geschichte. Doch nur wenige wussten, wie ihr Leben geworden war. Als ich sie fragte, wie sie diese

Jahre hindurch weiter beten konnte, antwortete sie ganz ehrlich: «Ich glaubte nicht, dass ich betete, aber ich hatte mich ja verpflichtet, zu beten. Ich war davon überzeugt, dass Jesus in der Eucharistie gegenwärtig war. Ich hatte das Gefühl, dass ich ihm "Zeit schuldete". Also bin ich einfach zur Kirche gegangen und habe mich dort hingesetzt. Manchmal habe ich Gott ganz bewusst ignoriert. Ich war sehr zornig. Vor meiner Krankheit hatte ich so viel erreichen können, und hier saß ich nun und konnte gar nichts mehr. Ich dachte, Gott hätte mir übel mitgespielt. So ging es sechs oder sieben Jahre lang. Sitzung für Sitzung beschwerte ich mich bei meinem Therapeuten über das, was Gott mir angetan hatte. Schließlich sagte er zu mir: "Geh nach Hause und denke über all die Dinge nach, für die Du dankbar sein kannst." Sehr zornig verließ ich seine Praxis. Wer war er, dass er mir das sagen konnte? Als ich später zur Kapelle ging, starrte ich auf den Tabernakel und begann nachzudenken. Ich sah Gesichter vor mir. Ich sah meinen Therapeuten. Ich sah die Gesichter meiner Schwestern. Und ich hörte die Worte: "Dort bin ich. Du hast mich die ganze Zeit vermisst, und ich war die ganze Zeit über da. Du wirst mich nicht in einer Vision oder in einem Wunder finden. Denn ich habe mir ausgesucht, in dieser Weise zu arbeiten: durch andere und nur durch andere." Diese Gedanken führten mich dazu, immer mehr zu erkennen, wie viel Gott von sich in mich investiert hat und ich in ihn. Das war vor jetzt zwölf Jahren. Ich kann ganz einfach mit Gott reden. Und jetzt bin ich in der Lage, über Liebe zu reden.»

Schwester Thomas ist dem kontemplativen Schweigen treu geblieben. Im Zuge der Jahre schien sich fast unmerklich etwas zu verändern; auf wunderschöne Weise, so wie der dunkle Himmel sich während des Sonnenaufgangs verändert.

Schwester Thomas besitzt jetzt eine Stärke, eine Tiefe, ein Mitleid, ein Herz, eine Art zu beten, wie man sie nur bei wenigen findet. Sie hat ein Geheimnis aus dem Leben Christi erfahren, das viele Leute nie erfahren werden. Sie hat Jesu Leiden bis zum bitteren Ende mitgelitten und sie ist daraus glorreicher als zuvor auferstanden.

Anregung zum Gebet

Schaffen Sie eine Gebetsecke oder einen ruhigen Ort in Ihrem Zuhause. Stellen Sie dort aussagekräftige visuelle Erinnerungsstücke an Gott, Maria oder an einen Lieblings-Heiligen auf: ein Kreuz, eine Ikone, ein Bild oder eine Statue.

Suchen Sie eine oder zwei CDs mit Instrumentalmusik, mit Lobpreis- oder Anbetungsmusik oder mit anderer Lieblingsmusik, die Ihre Stimmung hebt. Diese Musik schafft eine Atmosphäre, in der Sie Gottes Gegenwart fühlen und ihm erlauben können, Ihnen in Ihren Nöten beizustehen.

Weihrauch oder kleine Kerzen sind starke sinnliche Elemente, die helfen können, depressive Gedanken fern zu halten. Manchmal können wir nicht mit Worten beten. Es kann uns dann helfen, einfach in der Dunkelheit in die tanzende Flamme einer Kerze zu schauen, um in die Kontemplation und in den Frieden zu kommen. Wenn Sie auf Zitate stoßen, die Mut machen, dann schreiben Sie sie auf und bewahren sie diese in Ihrer Gebetsecke auf. Stellen Sie alles dort auf, was Ihren Geist und Ihr Herz erhebt und finden Sie im Gebet Frieden und Hoffnung. Gott verlangt nichts von Ihnen im Gebet. Gott möchte Ihnen so viel schenken, wenn Sie ihm Ihr Herz öffnen. Nutzen Sie alles, was Ihnen dabei hilft, Ihr Herz im Vertrauen zu öffnen.

Wenn Sie sich in einer Depression befinden

Versuchen Sie, darüber nachzudenken, was es für Sie bedeutet, zu beten. Wie sollte Gott Ihrer Vorstellung nach gegenwärtig sein? Sagen Sie Gott das.

Heilende Bibelworte

Die Heilige Schrift enthält Worte, die Gott zu uns spricht. Finden Sie die Abschnitte heraus, die Sie in Bezug auf Gottes Liebe besonders stark ansprechen. Wiederholen Sie diese Worte oft. Setzen Sie Ihren Namen in die Texte ein, denn diese Worte sind wirklich an Sie gerichtet.

> *Weil du, ________, in meinen Augen teuer und wertvoll bist […]. (Jes 43,4)*

> *________, Ich bin das Licht der Welt (Joh 8,12) Ihr seid das Licht der Welt (Mt 5,14)*

> *________, […] ich habe dich beim Namen gerufen, du gehörst mir. (Jes 43,1)*

> *________, […] euer Kummer wird sich in Freude verwandeln. (Joh 16,20)*

> *________, bleibt in mir, dann bleibe ich in euch. (Joh 15,4)*

> *________, werft alle eure Sorge auf ihn, denn er kümmert sich um euch. (1 Petr 5,7)*

9. Schauen Sie nicht weg

«Früher bin ich oft ausgegangen und hatte viel Spass mit meinen Freunden. Jetzt laden sie mich nie mehr irgendwohin ein. Ich glaube, sie wissen nicht, was sie zu mir sagen sollen.»

Caitlyn

«Eines Tages schimpfte eine Mitarbeiterin mit mir: "Sie haben jetzt lange genug dafür gebraucht, Ihre Probleme durchzuarbeiten. Kommen Sie endlich mal darüber hinweg!" Ich war schockiert, aber ich hatte den Mut, für mich selber einzustehen und antwortete ihr: "Habe ich mich verändert oder nicht?" Da antwortete sie: "Nun — ja." — "Also gut." Alles hat seinen eigenen Rhythmus, und genauso ist es mit der Heilung. Es gibt da keinen Zeitplan, den man einhalten muss. Es gibt keine richtige oder falsche Zeitspanne, die man für die Heilung braucht.»

Jeanine

Es gibt nur eine Sache, die schlimmer ist, als an einer Depression zu leiden: Nämlich einsam daran zu leiden. Es gibt viele Gründe, warum wir manchmal vor Leuten zurückschrecken, die an Depressionen leiden. Es kann sein, dass wir ehrlich nicht wissen, was wir sagen sollen. Unsere Versuche, die Probleme des anderen zu lösen, können auf eine Hemmung und Abwehrhaltung auf Seiten des Betroffenen stoßen. Da wir nicht wissen, wie wir helfen können, fühlen wir uns vielleicht ungeschickt und hilflos. Aus Enttäuschung könnten wir zu der Meinung kommen, dass die depressive Person eben allein so weitermachen muss, wenn sie unsere Hilfe nicht annehmen kann. Allmählich und ohne dass man es wirklich beabsichtigt, wird die depressive Person an den Rand gedrängt und rasch vergessen.

«Wie kommt es, dass die hervorragenden Männer in der Philosophie, in der Dichtung oder in der Kunst alle Melancholiker sind?»
Aristoteles

Wenn wir auf Dauer Anteil nehmen wollen am Schicksal eines betroffenen Freundes, dann müssen wir notwendigerweise die Tatsache hinnehmen, dass wir die Situation genauso wenig wieder ins Lot bringen können wie unser Freund selbst. Beide Seiten müssen diese Lektion der göttlichen Liebe lernen. Gott ist mitten unter uns gekommen, um unser Begleiter in unserem Leiden zu sein. In Christus hat Gott unser Leiden gefühlt. Gott hat uns nicht gesagt, wie dieses Leiden in Ordnung gebracht oder vermieden werden könnte. Er kam uns nahe. Er hat mit uns und für uns gelitten. Er ist in der Dunkelheit hilflos und verlassen gestorben, um die Macht der Sünde und des Bösen zu zerstören, die uns gefangen hielten. Doch er hat das Böse nicht weggenommen, und wir bekommen immer noch seine Auswirkungen zu spüren. Die göttliche Liebe folgt der Dynamik des Kreuzes. Wenn wir jemandem, der an einer Depression leidet, nahe stehen und ihn begleiten, dann sind auch wir in dieser Dynamik des «Mitleidens». Wenn wir jemanden begleiten, der depressiv ist, dann lernen wir als erstes, dass alle Kenntnisse in Bezug auf das Überleben, Organisieren und Lösen von Problemen, die in anderen Bereichen unseres Lebens nützlich sind, in dieser Freundschaft keinen Platz haben. Nur die Dynamik des Begleitens, des Mit-Jemandem-Seins, des Mitleidens, wie Gott es uns in Christus erwiesen hat, sind hier wirksam. Das Leiden führt dazu, dass sich sowohl die depressive Person als auch ihr Freund sehr armselig fühlen.

Die Armseligkeit der Depression lehrt eine weitere Lektion der göttlichen Liebe. Gott hat seine Herrlichkeit offenbart im zerschmetterten Körper seines gekreuzigten Sohnes. Und heute noch offenbart sich Gottes Liebe in der Verletzlichkeit und in der Zerbrechlichkeit. Manchmal sind wir fälschlicherweise der Meinung, Gottes Herrlichkeit zeige sich nur in großartigen Kathedralen und großen Werken der Barmherzigkeit. Doch das Kreuz — das Gott ausgewählt hat, um seine Weisheit und seine Macht zu offenbaren — zeigt uns, dass Gottes Herrlichkeit sich eigentlich am deutlichsten im stillen, qualvollen Leiden entfaltet. In diesem Leiden, das eine depressive Person zusammen mit ihrem Freund trägt. Derjenige, der die Hand in Freundschaft ausstreckt, fängt an, Verletzlichkeit und die Armut der Machtlosigkeit kennen zu lernen. Doch eines Tages wird er die Gegenwart Gottes in seinem Freund berühren.

Schließlich lernt derjenige, der sich in Anteilnahme und Treue einem depressiven Freund zuwendet, den Segen kennen, dass der andere ihm vertraut. Mit der Zeit lernen beide, auf ihre Armseligkeit zu vertrauen und alle Ansprüche abzulegen. Beide sind in der Lage, einander zu geben und voneinander zu nehmen. Das paradoxe Ergebnis all dessen ist, dass der Freund entdeckt, dass er mehr empfangen hat, als er der depressiven Person gegeben hat.

Die fünf Seligpreisungen in der Begleitung eines depressiven Freundes

Selig, die Schubladen aufreißen

Wenn man sich dazu entschlossen hat, eine Freundschaft mit jemandem zu beginnen oder weiterzuführen, der an Depressionen leidet — vor allem wenn der Betreffende schon seit Jahren mit einer chronischen oder schweren Depression kämpft —, dann kommt man leicht in die Gefahr, unbewusst eine beschützende Haltung einzunehmen: Diese «arme Person» braucht meine Hilfe. Wenn Sie der Meinung sind, Ihr Freund könne sich glücklich schätzen, Sie als Hilfe zu haben, dann verabschieden Sie sich von dieser Meinung, bevor Sie überhaupt anfangen. So eine Freundschaft wird auf beiden Seiten in Enttäuschung und Ärger enden, denn es wäre eine Freundschaft mit der Krankheit des Betreffenden, nicht mit dem Menschen dahinter. Dann hätten Sie Ihren Freund schon eingestuft, gebrandmarkt und in eine Schublade gesteckt. Ich bin davon überzeugt, dass wir viele Menschen ihr Leben lang als Geiseln in Schubladen gefangen halten. Dieses Schubladendenken kann die Zukunft einer Person zerstören.

Ebenso ist in einer christlichen Gemeinschaft kein Platz für Schubladen, weil es im Evangelium keine Schubladen gibt. Tatsächlich hat Jesus bei den religiösen Anführern seiner Zeit Anstoß erregt. Denn er aß und trank mit denen, die von den religiösen Institutionen als «Zöllner und Sünder» gebrandmarkt worden waren. Die radikalen Ideen Jesu einer evangelischen Freundschaft hatten ihre Wurzeln im Herzen Gottes,

«[…] denn er lässt seine Sonne aufgehen über Bösen und Guten […]» (Mt 5,45). «Denn Gott hat die Welt so sehr geliebt, dass er seinen einzigen Sohn hingab, damit jeder, der an ihn glaubt, nicht zugrunde geht, sondern das ewige Leben hat.» (Joh 3,16)

Jesus hatte keine Nachsicht mit Schubladendenken, und wir sollten sie ebenso wenig haben.

Um die Schubladen aufzureißen, in die Sie vielleicht auf subtile Art und Weise sich selbst oder einen depressiven Freund gesteckt haben, kann es hilfreich sein, einige berühmte Leute zu entdecken, die an Depressionen leiden oder gelitten haben und doch einen enormen Einfluss auf die Welt ausgeübt haben.

Hier seien nur einige genannt:

Schriftsteller: Hans Christian Andersen, Arthur Benson, F. Scott Fitzgerald, Graham Greene, Ernest Hemingway, William James, Ralph Waldo Emerson, Herman Melville, Eugene O'Neill, Jean Stafford, Mary Shelley, Leo Tolstoy, Mary Wollstonecraft, Tennessee Williams und Virgina Wolf.

Dichter: Charles Baudelaire, William Blake, George Gordon (Lord Byron), Emily Dickenson, T. S. Eliot, Robert Fergusson, Thomas Gray, Gerard Manley Hopkins, Victor Hugo, John Keats, Mikhail Lermontov, James Russell Lowell, Edna St.Vincent Millay, Edgar Allan Poe, Ezra Pound, Anne Sexton, Delomre Schwartz, Lord Tennyson, Francis Thompson und Walt Whitman.

Komponisten und Musiker: Samuel Barber, Ludwig van Beethoven, Anton Bruckner, Kurt Cobain, John Denver,

Stephen Foster, Georg Friedrich Händel, Gustav Holst, Charles Ives, Modest Mussorgsky, Robert Schumann, Peter Tschaikowsky, Hugo Wolf und Bernd Alois Zimmermann.

Künstler: Vincent van Gogh, George Innes, Ernst Ludwig Kirchner, Michelangelo, Dante Gabriel Rossetti.

Staatsmänner: Menachem Begin (Premierminister von Israel und Nobelpreisträger), Winston Churchill, Calvin Coolidge, Abraham Lincoln und Richard M. Nixon.

Heilige: Hl. Johannes vom Kreuz, Hl. Theresa von Lisieux, Hl. Johannes Vianney, Hl. Benedikt Joseph Labre und Edith Stein.

Viele Leute wären erstaunt, wenn sie entdeckten, wie viele prominente und erfolgreiche Menschen heutzutage an Depressionen leiden.

«Wir werden leiden, und wir werden miteinander leiden. Doch indem wir das tun, werden wir nichts Geringeres entdecken als die Gegenwart Gottes, der uns tröstet und vorangehen lässt.»
Henri Nouwen, *Turn My Mourning into Dancing*

Unter diesen Menschen sind zum Beispiel: Roseanne Arnold, Schauspielerin, Schriftstellerin und Komödiantin (sie leidet auch unter multipler Persönlichkeitsstörung und unter Zwangsneurosen); Dick Cavett, Schriftsteller und eine Persönlichkeit aus der Medienwelt; Tony Dow, Schauspieler und Regisseur; Kitty Dukakis, die frühere Gattin des Gouverneurs von Massachusetts; Patty Duke, Schauspielerin und Schriftstellerin; Connie Francis,

Schauspielerin und Musikerin; Peter Gabriel, Musiker; Charles Haley, Sportler; Kristy McNichols, Schauspielerin; Spike Mulligan, Komödiant; Abigail Padgett, Kriminalbuchautorin; Murray Pezim, Financier; Charley Pride, Musiker; Axel Rose, Musiker; William Styron, Schriftsteller; James Taylor, Musiker; Mike Wallace, Nachrichtensprecher; Robin Williams, Schauspieler und Komödiant.

Es ist ein Unglück, dass wir die Menschen mit einer Depression so oft beiseite schieben, sie als «nutzlos» einstufen und sie zu unserer eigenen Bequemlichkeit einfach ignorieren oder von oben herab behandeln. Wir machen uns selbst ärmer, wenn wir diese großartigen «armen Leute» nicht begleiten und ihnen nicht helfen.

Selig, die nicht versuchen, der Arzt zu sein

Zu den wichtigsten Dingen für jemanden mit einer Depression gehören die richtige Diagnose und die richtige Behandlung. Ermutigen Sie Ihren Freund dazu, professionelle Hilfe in Anspruch zu nehmen. Eine umfassende körperliche Untersuchung ist notwendig, um eine korrekte Diagnose stellen zu können. Was wie eine Depression aussieht, könnte das Symptom einer zugrunde liegenden organischen Störung sein. Der Betreffende sollte einen Termin für eine Untersuchung bei einem Psychologen ausmachen. Dieser kann dann genauer bestimmen, unter welcher Art der Depression derjenige leidet. Leidet er an allgemeinen Angstgefühlen? Ist er depressiv, weil er vor kurzem seine Arbeit verloren hat? Zeigt er Anzeichen von post-traumatischem Stress, der auf mögliche traumatische Ereignisse in seinem Leben hinweisen könnte?

Obwohl Sie für Ihren Freund keinen Arzt ersetzen können, können Sie ihn doch dazu ermutigen, sich professionelle Hilfe zu holen. Vielleicht wird es nötig sein, Ihren Freund dazu zu ermutigen, die Behandlung solange weiterzuführen, bis die Symptome allmählich abklingen. Oder dazu, eine andere Behandlung zu suchen, falls keinerlei Besserung eintritt. Weil die chemischen Abläufe im Körper bei jedem Menschen einzigartig sind, kann die Suche nach dem Medikament oder der Kombination von Medikamenten, die helfen können, ziemlich lange dauern. Hier ist es von grundlegender Bedeutung, ausdauernd und geduldig zu sein. Ermutigen Sie Ihren Freund dazu, die Hoffnung zu bewahren und die vom Arzt verschriebene neue Medikation weiterhin auszuprobieren, bis die richtige Kombination gefunden ist. Oft kommt es vor, dass derjenige, der an einer Depression leidet und nun eine professionelle Hilfe in Anspruch nimmt, auf einmal das Verfahren abkürzen will: «Ich brauche wirklich nicht zu all diesen Untersuchungen zu gehen.» — «Ich glaube, ich weiß, wo das Problem liegt, ich muss nicht mehr zum Arzt gehen.» — «Ich fühle mich jetzt gut, deshalb habe ich aufgehört, das Medikament zu nehmen.» Wenn man bei einer Depression die Sache verkürzen will, macht das den Prozess der Diagnose immer schwieriger. Ermutigen Sie dazu, bei der Behandlung zu bleiben und immer den Arzt zu fragen, bevor irgendwelche wichtigen Entscheidungen in Bezug auf die Behandlung im Alleingang getroffen werden.

Vielleicht sind Sie der einzige, mit dem Ihr Freund über seine Gefühle redet. Das ist ein beeindruckendes Vertrauen. Was auch immer Ihr Freund Ihnen anvertrauen will, nehmen Sie es auf, ohne zu urteilen. Ermutigen Sie Ihren Freund dazu, wichtige Informationen dem Arzt mitzuteilen.

Selig, die seelischen Beistand leisten

Eine Depression kann die Betreffenden ausgrenzen, so dass sie das Gefühl haben, als ob sich die Türen rasch schließen und sie vom Land der Lebenden abschneiden würden. Doch Sie können Ihren Fuß in die Tür setzen und sie offen halten, und sei es nur einen Spalt breit. Rufen Sie Ihren Freund an. Senden Sie ihm E-mails oder Blumen. Laden Sie ihn zu einem Spaziergang ein, ins Kino oder zum Radfahren. Laden Sie Ihren Freund ein, mit in die Kirche oder zu anderen Gemeindeaktivitäten zu gehen. Nehmen Sie ihn mit zum Einkaufen oder bitten Sie ihn, mit Ihrer Familie zum Picknick zu kommen. Beten Sie mit ihm am Telefon. Schicken Sie ihm per E-mail die Zusage, dass Sie für ihn beten und ihn unterstützen. Bieten Sie Zerstreuung und Gesellschaft an, aber drängen Sie sie nicht auf. Zu viele Verpflichtungen können Versagensängste schüren. Erinnern Sie sich daran: Ihr dauerhaftes Interesse am Wohlergehen Ihres Freundes sollte nicht von irgendeiner Verbesserung auf seiner Seite abhängen. Ihre Treue lässt ihn erkennen, dass er angenommen wird. Ihre Unterstützung lässt ihn erkennen, dass Sie an ihn glauben. Ihr Freund kann von Ihnen lernen, wie er sich selbst annehmen kann. Er kann lernen, dass das Leben gut ist und dass schließlich wieder Freude erfahrbar wird.

Laura, die Schwester von Hans, war extrem depressiv. Sie hatte sich von der Arbeit freistellen lassen und wohnte bei ihrer älteren Schwester, weil sie Angst davor hatte, allein zu sein. Hans lebte in einem anderen Teil des Landes, doch es war ihm wichtig, sie einmal pro Woche anzurufen und ihr alle zwei Tage zu schreiben. Er erinnert sich daran, dass er seiner Schwester immer wieder sagte, dass er sie liebte und dass Jesus sie noch mehr liebte. Hans sagte ihr auch, dass er für sie bete und dass er ihren Schutzengel bitte, sie zu beschützen. Wie Hans erzählte, hat ihm seine Schwester später anvertraut, dass es der Gedanke an ihren Schutzengel war, der sie am meisten getröstet hatte.

Diese Art der Freundschaft kann auf zweierlei Weise in eine Prüfung geraten. Was passiert, wenn die Person niemals professionelle Hilfe sucht und es trotz medikamentöser Behandlung und Therapie zu keiner Besserung zu kommen scheint? Was passiert, wenn Ihr Freund zornig auf Sie wird oder Sie beschuldigt, Sie würden sich in seine Angelegenheiten einmischen? Obwohl Sie andere ermutigen und für sie da sein können, sind ihre Entscheidungen und ihr Weg doch letztendlich von den Betreffenden selbst zu treffen und zu gehen. Gott sorgt für sie in einer Weise, in der Sie niemals für sie sorgen könnten. Manchmal ist es das Einzige — und das Beste —, was Sie tun können: Den anderen in Gottes Hand zu legen. Gott geht geheimnisvolle Wege, um jeden einzelnen zu retten. Vielleicht wird Ihr Freund niemals Wohlergehen erlangen, und doch kann er nach Gottes Plan und in seiner menschlichen Schwäche ein Apostolat des Leidens leben. Die Versuchung, Kontrolle über die Situation Ihres Freundes auszuüben, ist groß. Doch Ihr Freund muss die Freiheit haben, auf seine eigene Art und Weise Ganzheitlichkeit zu erlangen. Solche Situationen erfordern eine enorme Geduld und Freiheit, um Ihren Freund zu halten und ihn gleichzeitig auf dem von ihm gewählten Weg gehen zu lassen.

Selig die Mitleidigen

Wenn Sie jemand fragen würde, ob Sie sich als einen mitleidigen Menschen betrachten, würden Sie wahrscheinlich mit «Ja» antworten oder wenigstens mit «Ich glaube schon».

Doch die wahre Bedeutung des Wortes Mitleid bedeutet mehr als Sympathie oder Mitgefühl. Es kommt von der lateinischen Wurzel «mitleiden». Mitleid zu zeigen bedeutet, die «Passion» des anderen mit zu erleiden. In seinem Buch «Never Forget» schrieb Henri Nouwen folgendes: «Mit dem Mitleid zu leben bedeutet, in die dunklen Momente der anderen einzutreten. Es bedeutet, an Orte des Leidens zu gehen und nicht zurückzuschrecken oder wegzuschauen, wenn andere in Todesangst sind. Es bedeutet, dazubleiben, wenn Leute leiden. Das Mitleid hält uns davor zurück, schnelle, eifrige Erklärungen zu suchen, wenn jemandem, den wir kennen oder lieben, Unglück begegnet ...» Der Mangel an Mitleid kommt oft von der allzu menschlichen Zurückweisung des Leidens, die ein Merkmal unserer Zeit ist. Es ist schwierig, wirklich miteidend zu sein.

Ihr gemeinsamer Weg mit einem Menschen, der voller Schmerz ist, beginnt mit einem mitleidigen und zugleich sehr respektvollen Schweigen. Hier einige Worte des Mitleides, die Sie sagen könnten:

«Ich liebe Dich.»

«Ich sorge mich um Dich.»

«Du bist in alledem nicht allein.»

«Ich verlasse Dich nicht.»

«Soll ich Dich in den Arm nehmen?»

«Du bist wichtig für mich.»

«Wir können dies gemeinsam durchstehen.»

«Wenn das alles vorbei sein wird, werde ich noch hier sein und Du ebenso.»

> «Jetzt würde ich Dich gerne einfach in den Arm nehmen und Dir meine Schulter zum Ausweinen leihen.»
>
> «Du bist nicht verrückt.»
>
> «Ich kann mir gar nicht vorstellen, wie schwierig das sein muss.»
>
> «Es tut mir leid, dass Du das durchmachst.»
>
> «Ich werde niemals sagen, dass ich Dich verstehe, es sei denn, ich verstehe Dich wirklich. Doch wenn ich irgendetwas tun kann, um Dir zu helfen, dann werde ich das tun.»

Im folgenden sind einige mitleidslose Äußerungen aufgelistet, die Sie niemals zu jemandem sagen sollten, der in einer Depression steckt:

> «Das ist alles nur in Deiner Einbildung.»
>
> «Ich habe Dich für stärker gehalten.»
>
> «Du hast so vieles, für das Du dankbar sein musst.»
>
> «Glücklichsein ist eine Wahl, die man trifft.»
>
> «Nun, es ist ja nicht ganz so schlimm.»
>
> «Reiß Dich am Riemen.»
>
> «Es gibt Leute, denen geht es noch schlechter.»
>
> «Du bist, was Du denkst.»
>
> «Du tust Dir nur selber weh.»
>
> «Warum lächelst Du nicht mehr?»
>
> «Immer machst Du Dir Sorgen um Deine Probleme.»

«Mach zur Abwechslung mal etwas Lustiges.»

«Ich möchte Dich wieder so haben, wie Du früher warst. So, wie Du jetzt bist, gefällst Du mir gar nicht.»

«Vielleicht musst Du mehr auf Gott vertrauen.»

«Du musst nur durchhalten.»

«Du bist selbst Dein größter Feind.»

«Mein Leben ist auch nicht einfach.»

«Was ist *Dein* Problem?»

«Wirst Du wohl mit diesem ewigen Jammern aufhören?»

«Hast Du noch nicht genug von all diesem Ich-Ich-Ich-Gerede?»

Selig, die Gottes Wirken betrachten

Ihre Freundschaft mit jemandem, der depressiv ist, kann zu einer neuen Form des Gebetes werden. Den Großteil unseres Lebens als Erwachsener verbringen wir damit, zu analysieren und zu berechnen. Doch nichts von alledem sind Grundlagen für das Gebet. Gebet hat mit beobachten zu tun, mit betrachten, staunen und sich etwas vorstellen. Wenn Sie eine Freundschaft entwickeln wollen, die den anderen loslassen kann, dann könnten folgende Ratschläge hilfreich für Sie sein:

1. Erinnern Sie sich an Angelegenheiten, in denen Gott Sie gerettet hat. Schreiben Sie sie auf. Danken Sie Gott dafür. Betrachten Sie, was Gott in Ihrem eigenen Leben gewirkt hat.
2. Verbringen Sie einige Zeit im Schweigen, bevor Sie mit Ihrem Freund zusammentreffen. Entspannen Sie sich.

Seien Sie ruhig und heiter. Sagen Sie Gott, dass Sie gerne das betrachten möchten, was Gott während Ihres Zusammentreffens wirken wird.

3. Danken Sie Gott jedes Mal, wenn Sie merken, dass er Ihrem Freund geholfen hat — auch wenn Ihr Freund diese Hilfe nicht bemerken kann. Sie werden allmählich sehen, dass Gott Ihrem Freund in seinem — Gottes — Tempo hilft. Er hat keinen Zeitplan, keine Agenda. Gott ist Geheimnis. Und das gilt auch für Ihren Freund. Lassen Sie Gott die Rettung übernehmen. Sie können sich auf Gott verlassen.

4. Beten Sie für Ihren Freund.

5. Sagen Sie Ihrem Freund, dass Sie für ihn beten. Bei Gelegenheit können Sie ihn darauf aufmerksam machen, was Gott aus Ihrer Sicht im Leben Ihres Freundes wirkt. «Es kommt mir so vor, als ob Gott Dich an einige wunderbare Augenblicke in Deinem Leben erinnert, in denen Du Dich von anderen geliebt fühltest.» — «Du erscheinst mir viel friedvoller. Gott hat Dir ein großartiges Geschenk gemacht.»

Anregung zum Gebet

Die Heilige Schrift ist voller Abschnitte, die Trost und Beispiele dafür geben, wie man Leidende begleiten kann. In den Menschen, die in der Heilsgeschichte vorkommen, sehen wir die gleichen menschlichen Gefühle und Kämpfe, denen wir gegenüber stehen. Und wir sehen Gottes unveränderliche Liebe zu uns und seine Gegenwart bei uns in jeder Situation. Hier sind nur einige dieser wunderbaren Zeilen der Schrift für Sie, wenn Sie gerade einen Freund mit einer Depression begleiten:

> *Als die Sonne unterging, brachten die Leute ihre Kranken, die alle möglichen Leiden hatten, zu Jesus. Er legte jedem Kranken die Hände auf und heilte alle. (Lk 4,40)*

> *Da brachte man einen Gelähmten zu ihm; er wurde von vier Männern getragen. Weil sie ihn aber wegen der vielen Leute nicht bis zu Jesus bringen konnten, deckten sie dort, wo Jesus war, das Dach ab, schlugen die Decke durch und ließen den Gelähmten auf seiner Tragbahre durch die Öffnung hinab. […] Ich sage dir: Steh auf, nimm deine Tragbahre, und geh nach Hause! (Mk 2,3-4;11)*

> *Kommt alle zu mir, die ihr euch plagt und schwere Lasten zu tragen habt. Ich werde euch Ruhe verschaffen. Nehmt mein Joch auf euch und lernt von mir; denn ich bin gütig und von Herzen demütig; so werdet ihr Ruhe finden für eure Seele. (Mt 11,28)*

> *Vater, wenn du willst, nimm diesen Kelch von mir! Aber nicht mein, sondern dein Wille soll geschehen. Da erschien ihm ein Engel vom Himmel und gab ihm neue Kraft. (Lk 22,42-43)*

> *Maria von Magdala aber stand draußen vor dem Grab und weinte. Während sie weinte, beugte sie sich in die Grabkammer hinein. Da sah sie zwei Engel in weißen Gewändern sitzen, den einen dort, wo der Kopf, den anderen dort, wo die Füße des Leichnams Jesu gelegen hatten. Die Engel sagten zu ihr: Frau, warum weinst du? […] Sie wandte sich um und sah Jesus da stehen, wusste aber nicht, dass es Jesus war. Jesus sagte zu ihr: Frau, warum weinst du? Wen suchst Du? (Joh 20,11-15)*

Wenn Sie sich in einer Depression befinden

Es ist schwer, seinen Freunden zu vertrauen, wenn man in einer Depression steckt. Man braucht viel Energie, um mit anderen zu interagieren. Es ist ein großes Risiko, daran zu glauben und darauf zu hoffen, dass jemand anders auf Sie zugehen wird und sich um Sie kümmert, wenn das Leben Sie aufgegeben zu haben scheint. Bewahren Sie eine Woche lang ein kleines Notizbuch in Ihrer Tasche auf. Schreiben Sie auf, wann Sie sich gewünscht hätten, dass sich jemand um Sie kümmerte und für Sie da wäre. Schreiben Sie ebenso alle Verhaltensweisen und Entscheidungen auf Ihrer Seite auf, die eine solche Freundschaft behindern. Dazu könnte z. B. gehören, wenn Sie nicht zu den anderen hingehen, weil Sie das Gefühl haben, die anderen wollten Sie nicht dabei haben. Dieses Verhalten bewirkt das genaue Gegenteil und hält eine Situation aufrecht, die Sie isoliert und einsam macht. Beschließen Sie am Ende der Woche, welche dieser Verhaltensweisen Sie in Ihrem eigenen Leben ändern könnten, so dass eine tiefere Freundschaft aufblühen könnte. Wenn Sie jetzt beginnen, Dinge in Ihrem Leben zu verändern, welche Überraschungen erleben Sie?

Wenn sich ein Freund von Ihnen in einer Depression befindet

Nachdem Sie mit Ihrem Freund gesprochen haben, nehmen Sie sich einen Moment Zeit, um aufzuschreiben, was Sie zu ihm gesagt haben. Achten Sie darauf, ob Sie die Dinge mit der Absicht gesagt haben, dass es Ihrem Freund danach besser gehen möge. Oder ob Sie sich einfach entspannen und — ganz absichtslos — versuchen konnten, ihm Gottes Liebe zu zeigen.

Vier Tips, wenn einer Ihrer Freunde oder Familienangehörigen in einer Depression steckt

Erstens: Informieren Sie sich. Lesen Sie soviel über die Depression, wie Sie finden. Es gibt umfassende Informationen, die von medizinischen Institutionen ins Internet gestellt werden. Depression ist eine schwerwiegende Krankheit, die eine professionelle Behandlung erfordert. Depression ist nicht das Ergebnis einer Charakterschwäche. Es ist keine Faulheit. Es ist nicht nur ein Anfall von «Blues». Menschen mit einer Depression machen nicht nur «als ob». Nein, sie können wirklich nicht einfach so davon «herauskommen».

Zweitens: Zeigen Sie Ihre Anteilnahme, indem Sie Ihrem Freund oder Familienangehörigen zuhören, wenn er reden möchte. Respektieren Sie seinen Wunsch nach Zurückgezogenheit, wenn er lieber nicht reden möchte. Sie zeigen Ihrem Freund oder Familienangehörigen, dass Sie ihn unterstützen wollen, indem Sie ihn fragen, wie Sie ihm helfen können — auch, wenn er keine unmittelbare Antwort darauf geben kann. Depressive Menschen fühlen sich oft wertlos. Erinnern Sie Ihren Freund oder Familienangehörigen daran, wie viel er Ihnen bedeutet und heben Sie seine Stärken und Erfolge hervor. Ermutigen Sie ihn zu einer gesunden Lebensweise und zu gesunden Aktivitäten. Laden Sie diesen lieben Menschen dazu ein, etwas mit Ihnen zu unternehmen oder die Familie oder gemeinsame Freunde zu besuchen. Aber drängen Sie nicht und erwarten Sie nicht zu viel und nichts zu früh.

Drittens: Führen Sie die Person zu professioneller Hilfe. Es mag viel Zeit und Geduld kosten, jemanden mit einer Depression davon zu überzeugen, dass er professionelle Hilfe nötig hat. Erklären Sie ihm vorsichtig, warum Sie besorgt sind und beschreiben Sie die Veränderungen, die Sie in seinem Verhalten und seinen Stimmungen wahrgenommen haben. Fragen Sie ihn, ob etwas passiert ist und warum er so niedergeschlagen zu sein scheint. Bieten Sie ihm an, Referenzen über einen Arzt einzuholen oder mit zu dem Termin zu kommen. Sie können den Arzt auch im Vorfeld des Besuchs anrufen und ihm Ihre Beobachtungen mitteilen, was die Diagnose erleichtern könnte.

Viertens: Es ist nicht einfach, eng befreundet zu sein mit jemandem, der an Depressionen leidet. Achten Sie auf sich selbst, besonders wenn Sie merken, dass Sie zornig oder reizbar werden. Das gleiche gilt, wenn Sie sich von Aktivitäten zurückziehen, die Ihnen zuvor Freude gemacht haben oder wenn Sie sich extreme Sorgen um die Situation machen. Achten Sie auf sich, indem Sie:

1) andere Familienangehörige oder Freunde zur Hilfe heranziehen;
2) Ihre eigenen Gefühle oder Bedürfnisse verstehen und sie der depressiven Person gegenüber respektvoll zum Ausdruck bringen (z. B. «Ich liebe Dich, aber manchmal brauche ich Zeit für mich selber»);
3) über Ihre Gefühle mit einem Freund Ihres Vertrauens, einem Familienangehörigen oder Seelsorger aus Ihrer Gemeinde reden;
4) sich Zeit für sich selbst nehmen, Bewegung machen, sich gesund ernähren und Sachen machen, die Ihnen Freude bereiten.

10. Heilungen sind keine «Erfolgsgeschichten»

«Es muss doch ein Ende nehmen mit dieser Depression. Ich möchte weiterleben und das werden, was ich eigentlich sein soll.»

Rad

«Während meines ersten Anfalls von Depression betete ich eine Novene als Vorbereitung auf die Weihnachtszeit. Mit soviel Vertrauen, als ich aufbringen konnte, bat ich Gott, dass er mich heilen möge — das war das Weihnachtsgeschenk, das ich mir wünschte. Bei der Mitternachtsmesse ging ich in Erwartung dieses Geschenks zur Kommunion. Während Jesus und ich Zwiesprache hielten, fragte er mich sanft: «Ist es in Ordnung, wenn ich Dich heute nicht heile?» Zum ersten Mal war mir hierbei die Sanftheit Gottes aufgefallen und seine Sanftheit, während er mir diese Frage stellte, berührte mich tief. Was konnte ich anders antworten als: «Es ist in Ordnung»? Ich muss allerdings zugeben, dass ich sehr enttäuscht war. Sechzehn Jahre später bin ich dankbar dafür, dass Gott mich an jenem Weihnachtsabend nicht geheilt hatte (und ich staune darüber, dass ich dies sagen kann). Heute bin ich ein stärkerer Mensch. Heute bin ich ein mutigerer

Mensch. Vielleicht wäre mein Leben einfacher gewesen, aber ich wäre nicht zu derjenigen geworden, die ich heute bin. Vor kurzem habe ich mein Weihnachtsgeschenk bekommen. Ich bin geheilt.»

Schwester Marie

«Der größte Segen kommt durch die "Verrücktheit"!»
Sokrates

Es ist etwas Absurdes um Depressionen und andere Geisteskrankheiten, die ihren Opfern oft große Geschenke machen, auch wenn diese sie zunächst nicht voll nutzen können. Die medizinische Literatur berichtet von vielen Fällen, in denen depressive Menschen ein gesundes und produktives Leben führen. Es geschehen Wunder, und viele werden geheilt, nachdem sie einmal mit Depressionen zu kämpfen hatten. Bei anderen kehrt die Depression saisonmäßig wieder. Und einige können die Depression niemals ganz hinter sich lassen, obwohl sie zu einem anscheinend «normalen Leben» zurückgekehrt sind. Wenn es jedoch Ihr einziges Ziel ist, zu einem Leben wie das aller anderen zurückzukehren, dann begnügen Sie sich mit einem schwachen Abglanz von Freude und Leid, vom Sinn des Lebens und von Liebe. Depressionen und Stimmungsstörungen können eine Berufung, ein Anruf Gottes sein.

Annie ist eine 45-jährige Frau, die an chronischen Schmerzen und daraus resultierenden Depressionen litt. Sie spricht über ihre Erfahrung: «Früher dachte ich, dass Gott Wunder wirken könne, wenn er wollte. Da er es bei mir nicht tat, dachte ich, ich müsse so schrecklich sein, dass ich es nicht wert sei. Jetzt sehe ich das anders. Ich bin nicht geheilt, aber Jesus hat mir die Gnade geschenkt, wirklich zu wissen, dass er mit mir ist und dass er mich über alle Maßen liebt. Er hat mir geholfen zu sehen, dass Dunkelheit und Schmerzen kein Zeichen dafür sind, dass ich «schlecht» bin, oder dass ich schon längst geheilt wäre, wenn ich mich mehr angestrengt hätte. Nein, ganz im Gegenteil. Jesus ist mir ganz nahe, er leidet mit mir und flüstert mir Worte der Ermutigung und der Liebe zu.»

Bei den Gliedern Christi gibt es keine Verschwendung, alles hat seinen Platz, sogar die Depression.

Hl. Benedikt Josef Labre

In Europa wimmelte es am Vorabend der Französischen Revolution nur so vor Bettlern, und die Geschichte erinnert sich kaum an eine dieser Gestalten ohne Gesicht und ohne Namen. Doch eine bleibt unvergessen: Benedikt Josef Labre, der im Jahre 1883 heilig gesprochen wurde. Geboren wurde er am 27. März 1748 in Amettes in Frankreich als Sohn von Johann Baptiste Labre und Anna Barbe Gransire. Dieser älteste Sohn einer Bauernfamilie gewann rasch die Herzen der andern Dorfbewohner durch seine Ehrlichkeit, Achtsamkeit und bemerkenswerte Intelligenz. Seit seiner frühesten Kindheit war er für das Priestertum bestimmt, und er studierte tatsächlich zehn Jahre lang unter der Vormundschaft seiner Onkel, die ebenfalls Priester waren. Benedikt wollte gerne zum Priester geweiht werden, doch im Laufe der Zeit fühlte er sich nicht mehr vom Leben als Gemeindepriester angezogen. Stattdessen sehnte er sich nach einer strengeren, klösterlichen Lebensweise. Diese Sehnsucht wuchs, als er die Predigten des Père Le Jeune las. Dieser war ein feuriger Oratorianer-Prediger, dessen strenge Interpretation der Schrift und angsteinflößende Beschreibungen des Jüngsten Gerichts Benedikts natürliche Neigung zur Selbstabtötung beeinflussten. Während er wieder und wieder die Predigten von Le Jeune durchlas, wurde aus Benedikts heilsamer Furcht vor der Sünde ein Grauen davor, vollständig von Gott abgeschnitten zu sein. Schließlich peinigten ihn schmerzliche Zweifel, die sein ganzes Leben andauern sollten. Benedikt begann ein Leben der strengen Buße als Sühne für alle Sünden, die gegen den «guten Gott» begangen wurden. Er bat um Aufnahme bei den Trappisten, wurde aber abgelehnt. Auch bei den Kartäusermönchen klopfte er an, die ihn jedoch ebenfalls ablehnten. Schließlich fand er Aufnahme bei den Zisterziensern. Kurz nachdem er die Freude erlebt hatte, als Novize in der Zisterzienser-Abtei von Septfons aufgenommen worden zu sein, kehrte die Dunkelheit zurück, die in seiner Jugend sein ständiger Begleiter gewesen war.

«Sie und ich, wir wissen nicht, durch welchen Prozess der Mensch über das Menschliche erhoben wird: Was wissen wir davon, welche Leiden er auf dem Weg der Erleuchtung durchmachen muss?»
T.S. Eliot, *The Cocktail*

Benedikt leistete schwere körperliche Arbeit auf den Ländereien des Klosters. Als er ernsthaft an Fieber erkrankte, sorgten sich die Mönche um diesen jungen Novizen, der sich so danach sehnte, sein Leben in Buße zu verbringen. Er war mehr als streng mit sich selbst und litt an übertriebener Gewissenhaftigkeit und übertriebenem Schuldbewusstsein. Der Abt musste ihm schließlich mitteilen, dass seine Gesundheit nicht stark genug war, um die Härten des klösterlichen Lebens in der Abtei von Septfonts durchzuhalten. Gott musste irgendeinen anderen Plan für ihn haben.

Benedikt war wie niedergeschmettert, dass er sich seinen Lebenstraum nicht erfüllen konnte. Er verspürte nicht den

Wunsch, nach Hause zurückzukehren. So entschloss er sich dazu, in der Welt sein «Kloster» zu finden. Im Jahre 1770 begann Benedikt eine Wallfahrt. Er reiste kreuz und quer durch Europa und betete an Heiligengräbern in Deutschland, Italien, Frankreich, in der Schweiz und in Spanien. Er reiste als heimatloser Bettler umher und wurde von vielen verspottet. Andere wiederum verehrten ihn, weil sie bemerkten, dass er viele Stunden im Gebet und mit Werken der Barmherzigkeit verbrachte an Leuten, die noch ärmer waren als er. Sieben Jahre lang reiste er von Heiligtum zu Heiligtum und verbrachte in jeder Kirche, an der er vorüber kam, ganze Tage im Gebet. In Wahrheit war dieses Leben noch weitaus strenger als das Leben im Kloster, da er allen Unbilden des Wetters ausgesetzt war und das Elend des Heimat- und Obdachlosen erlitt. Im Jahre 1777 ließ er sich in Rom nieder, schlief im Kolosseum und betete jeden Tag in den Kirchen der Stadt. Als er mit dem Alter und durch Krankheit immer schwächer wurde, zog er in die Armenherbergen. Am Karfreitag im Jahre 1783, nach der Liturgie der Kreuzesverehrung am Heiligtum der "Madonna dei Monti", brach Benedikt auf der Straße zusammen und starb. Benedikt hatte seinem Beichtvater gerade sieben Tage zuvor mitgeteilt, dass er endlich frei von Zweifeln und Sorgen war. Frei von jeder Spur seines elendigen Gefühls von Wertlosigkeit. Ein ganzes Leben des Herumwanderns und des Kämpfens, der Erniedrigung und der Suche war endlich aufgegangen in den Horizont der Liebe, die ihn mit Freude erfüllte.

Die Leiden, die die Menschen mit Gott bereitwillig annehmen, haben oft etwas von der Unermesslichkeit und dem Geheimnis Gottes. Menschen, die an Depressionen oder anderen psychischen Krankheiten leiden, sind von Gott dazu eingeladen, mehr als ein rein «produktives Leben» zu führen. Nützlichkeit, Produktivität, der äußere Schein und der Antrieb sind nur die Oberfläche dessen, was das Leben alles ausmachen kann. Diejenigen, die durch eine Depression "außer Gefecht gesetzt werden", haben die Möglichkeit, prophetische Stimme des Göttlichen in einer Welt zu sein, die von Effizienz und Schnelligkeit fasziniert ist.

Das ist nicht einfach. Wie Benedikt kennen Sie vielleicht nur den Kampf voller Angst. Es kann sein, dass Sie sich nutzlos vorkommen, verglichen mit Ihrer früheren Arbeitskraft. Vielleicht haben Sie nie etwas von Heiligen oder Propheten gehört, deren Leben alles andere als einfach war. Es mag auch sein, dass Sie sich von Gott distanzieren. Das macht nichts. Christus schafft ein Kunstwerk, eine Skulptur aus Ihrem Leben und benutzt dabei die Krankheiten des Körpers ebenso wie geistige Leiden, um es bis ins letzte kunstvoll zu gestalten und zu meißeln. Wenn die Depression auch Ihre Träume und Ihre Lebensweise beeinträchtigen kann, so verwandelt doch die Intensität Ihres Geistes und Ihre Sehnsucht die Dunkelheit in Licht.

Unzählige Experten in der Medizin, Berater, Priester, Laien, Freunde und Familienangehörige haben sich gesegnet gefühlt, wenn sie Zeugen dieser langsamen, schmerzlichen, aber wunderbaren Umwandlung geworden sind. Mildred Duff, die Mitbegründerin der Vereinigung des Hl. Benedikt Josef Labre, die geistige Unterstützung für Menschen mit Gemütsstörungen und Geisteskrankheiten anbietet, verschickt jeden Monat Hunderte von Briefen an Leute, die ihr ihre Kämpfe und Leiden mitgeteilt haben. Durch diese Briefe bekommt Mildred einen kleinen Einblick in das erstaunliche Wirken Gottes im Leben der Menschen, die an Depressionen leiden. Auf die Ängste einer Frau hat Mildred mit folgenden Worten geantwortet, die uns alle auf unserem Weg ermutigen und stützen können:

> «Wenn Worte doch Umarmungen sein könnten. Dann könnten Sie in diesem Moment fühlen, wie ich Sie liebevoll in den Arm nehme. Sie sollen wissen und sich immer daran erinnern, dass Gott und seine Mutter, die auch Ihre Mutter ist, Sie mit einer Liebe lieben, die alle anderen überragt.
>
> Sie sind das geliebte Kind Marias, das die Dornenkrone trägt, und Ihr Bruder Jesus leidet mit Ihnen.»
>
> «Wenn Ihnen diese Worte im Augenblick zu tiefsinnig erscheinen, als dass Sie sie verstehen könnten, dann seien Sie einfach gewiss, dass Jesus weiß, was Sie jetzt fühlen. Hören Sie, was Jesus Ihnen sagt: "Andere sehen mich nicht in Dir! Doch Du sollst mich in Dir sehen, denn ich frage Dich: Wirst du die Dornenkrone mit mir tragen? Erhebe Dein Herz und Dein Haupt, denn Du und ich werden zusammen Dein Leiden aufopfern, um sogar diejenigen zu retten, die Dich und mich zurückgestoßen haben ..."
>
> Ja, Benedikt Josef Labre wird Ihnen helfen, Ihre "Dornenkrone" zu tragen. Bitten Sie ihn um Hilfe...Machen Sie das Beste, das Sie unter den gegebenen Umständen tun können. Versuchen Sie es nur! Darum bitten wir die Mitglieder unserer Vereinigung, und das müssen wir selbst auch tun. Ja, versuchen wir es einfach!»

Anregung zum Gebet

Mein Guter, mein Alles, einziger Gegenstand meiner Liebe — oh, komm! Ich sehne mich nach Dir, ich seufze nach Dir, ich warte auf Dich! Jede kleine Verzögerung erscheint mir wie tausend Jahre! Komm, Herr Jesus, und warte nicht länger.

Gebet des Hl. Benedikt Josef Labre

Wenn Sie sich in einer Depression befinden

Lesen Sie das Leben des Hl. Benedikt Josef Labre oder der Hl. Theresia von Lisieux. Überlegen Sie sich, ob Sie der Vereinigung des Hl. Benedikt beitreten möchten.

Wenn sich ein Freund von Ihnen in einer Depression befindet

Danken Sie Gott dafür, wie er im Leben Ihres Freundes wirkt. Sagen Sie Ihrem Freund, dass Sie Gott für seine Gegenwart im Leben Ihres Freundes gedankt haben.

Die «geistige Nacht» von Mutter Theresa

Unzählige Bilder von Mutter Theresa zeigen ihr warmherziges Lächeln. Sie war wirklich, wie sie es sich so sehr wünschte, ein «Apostel der Freude», der einen unbesiegbaren Glauben ausstrahlte. Niemand außer ihren geistigen Führern jedoch wusste von der Dunkelheit, in die sie von 1947 an bis zum Ende ihres Lebens getaucht war. Gefühle des Zweifels, der Einsamkeit und der Verlassenheit begleiteten die Dunkelheit. Durch Visionen und Einsprechungen hatte Jesus sie dazu aufgerufen, die Schwestern von Loreto zu verlassen und die Mission der Barmherzigkeit in Indien zu beginnen. Diese Gemeinschaft von Schwestern sollte Jesu Liebesfeuer inmitten der Ärmsten der Armen sein. Doch von dem Augenblick an, in dem sie den Konvent verließ und anfing, durch die Straßen von Kalkutta zu gehen, hörten die Visionen auf und kehrten nie mehr zurück. Gott schien abwesend zu sein und der Himmel leer. Wie so viele von uns fühlte sie den schrecklichen Schmerz des Verlustes, als ob Gott nichts von uns wissen wollte, als ob Gott gar nicht Gott wäre, als ob Gott in Wirklichkeit gar nicht existierte. Nach Ansicht von Carol Zaleski litt Mutter Theresa an der klassischen geistigen Nacht des modernen Menschen: «Radikale Zweifel, die nicht nur die Gnade an der eigenen Person, sondern auch Gottes Verheißungen und sogar Gottes Existenz in Frage stellten.»[8] Als eine von uns zeigt sie uns einen Weg durch Zweifel und Verzweiflung. Mutter Theresa hat ihre Gefühle der Verlassenheit *von* Gott in einen Akt der Hingabe an Gott verwandelt.[9] Indem sie das tat, gab sie Zeugnis einer Treue, nach der die Welt hungert und dürstet.[10]

Die Leiden der Dunkelheit, des Zweifels und der Ungewissheit wurden zu einem unerlässlichen Teil ihrer Spiritualität und ihrer Berufung. Diese Leiden versetzten sie in die Lage, in die Armut einzutreten — weitaus mehr, als es das Elend gekonnt hätte, dem sie auf den Straßen von Kalkutta begegnete. Sie lernte am eigenen Leibe, wie es ist, arm zu sein durch Bedeutungslosigkeit und Einsamkeit — genauso, wie es die Menschen mit einer Depression erfahren. Sie konnte verstehen, wie schwer es ist, zu glauben, auf etwas Besseres zu hoffen und darauf zu vertrauen, dass Gott etwas Wunderbares mit uns vorhat.

---

8. Carol Zaleski, «The Dark Night of Mother Teresa», *First Things*, Mai 2003, S. 24-27.
9. Ibid.
10. Ibid.

Mutter Theresas wunderschönes Lächeln wurde zu ihrer Botschaft an diejenigen, die an Depressionen oder Zweifeln leiden: «Kopf hoch!» Entschließen Sie sich dazu, zu lieben und zu glauben. Dazu ist ein Willensakt nötig, der jeden Tag, sogar jede Stunde, erneuert sein will. Ein solches Lächeln kommt nicht auf Wogen von Gefühlen daher. Mutter Theresas Lächeln ist wirklich ein Akt des Glaubens daran, dass Depression und Verzweiflung nicht das letzte Wort haben, jetzt nicht und in Ewigkeit nicht. Die Depression hat keine Macht gegen unsere Entschlossenheit, zu glauben.

Nachwort

Befinden Sie sich in der dunklen Nacht der Depression, diesem Ort der Hoffnungslosigkeit, der nackten Einsamkeit und der Bedeutungslosigkeit? Es mag Ihnen vorkommen, als seien alle Hoffnung und aller Glaube wirklich ausgelöscht. Der Hl. Johannes vom Kreuz, der aufgrund seiner Überzeugungen neun Monate lang in vollkommener Dunkelheit gefangen gehalten wurde, hat diese Trostlosigkeit und Depression zutiefst erfahren. Er hat diese Erfahrung so beschrieben, dass die Seele sich selbst als unrein und elend empfindet, Gottes und jedes anderen Geschöpfes unwürdig. Während Sie im geistigen Leiden und in der Depression stecken, kann es für Sie nahezu unmöglich sein, zu unterscheiden, welcher Anteil an dem, was Sie erleiden, einer Geisteskrankheit zuzuschreiben ist und welcher Anteil die rätselhafte Erfahrung der dunklen Nacht ist, durch die Gott diejenigen führt, die er liebt. Zum Glück ist es nicht an Ihnen, das herauszufinden.

Gott sei Dank ist die Depression genauso wenig eine Zeit des absoluten Verlustes wie die Winterjahreszeit. Sie ist der Ort, an dem Sie sich öffnen können und zu neuem Leben erwachen können. Es ist eine schöpferische Zeit, auch wenn Sie sie nicht als solche wahrnehmen. Die Heiligen, denen Sie in diesem Buch begegnet sind, und die Schlüsselmomente der Heilsgeschichte haben gezeigt, dass wesentliche Handlungen auch in der Schwachheit vollzogen werden können. Gott braucht unsere Stärke nicht; Gott zieht es vor, mit der Schwachheit zu arbeiten. Gott selbst ist schwach geworden. In unserem demütig gewordenen Geist kann Gottes schöpferischer Geist freier in uns wirken. Die Autorin geistlicher Bücher Maria Boulding hat einmal gesagt: «Es kann sein, dass wir wie die nackten Bäume die Herrlichkeit zu diesen Zeiten besser durch unsere Äste scheinen lassen, als wenn wir in all unserer sommerlichen Pracht stünden.»[11]

Gott scheint dieses Muster zu bevorzugen. Angefangen bei Abraham, der auf das Wort Gottes hin (eines Gottes, den er nicht kannte) in eine ungewisse Zukunft aufgebrochen ist, bis hin zu Jesus, der in Schwachheit und Versagen ans Kreuz geschlagen wurde. Es wird klar, dass Gott so und nicht anders arbeitet.

Durch Ihre Schwachheit bricht etwas Neues in unser Leben ein. Durch Sie entsteht etwas Neues für uns Mitmenschen, die wir so schnell vorübereilen. *Sie* haben eine Berufung, die die Welt nötig hat. Wie Johannes Paul II. in seinem Apostolischen Schreiben Salvifici Doloris über den christlichen Sinn des menschlichen Leidens schrieb (Verlautbarungen des Apostolischen Stuhls Nr. 53):

> «Denn das Leiden kann nicht mit Hilfe einer Gnade von außen, sondern nur *von innen her* verwandelt und verändert werden. [...] Dieser innere Prozess vollzieht sich jedoch nicht immer auf die gleiche Weise. [...] Denn Christus antwortet nicht direkt, und er antwortet nicht in abstrakter Weise

11. Maria Boulding, The Coming of God (Collegeville: Liturgical Press, 1986), S. 41.

> auf diese Frage des Menschen nach dem Sinn des Leidens. Der Mensch hört seine rettende Antwort erst, wenn er selbst mehr und mehr an den Leiden Christi teilnimmt.
>
> Die Antwort, die er durch diese Teilhabe auf dem Weg der inneren Begegnung mit dem Meister erhält, ist ihrerseits mehr als eine nur abstrakte Antwort auf die Frage nach dem Sinn des Leidens. Sie ist in der Tat vor allem ein Ruf! […] Folge mir! Komm! Nimm mit deinem Leiden teil an dem Werk der Erlösung der Welt, die durch mein Leiden vollbracht wird! Durch mein Kreuz!»[12]

In Ihrem Leiden werden Sie zu einem großen Propheten, indem Sie das Kreuz Christi mit seiner Kraft und in seinem Licht tragen.

> Eingetaucht in die ewige Macht der Schöpfung,
> die meine persönliche Welt
> mit verlässlichen und sicheren Rhythmen durchdringt,
> öffne ich mich der geheimnisvollen Gegenwart,
> die still Menschen und Ereignisse ersinnt.
> Sie geht über Leben und Zeiten hinaus in die Ewigkeit.
> Sie verursacht einen unauslöschlichen Eindruck
> in der Erinnerung des Weltenraums.

12. Johannes Paul II, Verlautbarungen des Apostolischen Stuhls Nr. 53, Apostolisches Schreiben Salvifici Doloris von Papst Johannes Paul II. über den christlichen Sinn des menschlichen Leidens, Bonn 1984, Abschnitt 26, pp 33 f.

Und wir, Reisende in der gegenwärtigen Zeit,
rufen gegenseitig in uns
das Bedürfnis nach Widerhall und Zugehörigkeit hervor,
in der Welt, die wir unser Leben nennen.
Keiner ist ohne einen anderen,
kein Mensch ist ohne Vergangenheit.
Der lebensnotwendige Austausch im vertrauten Umgang
hinterlässt einen bleibenden Eindruck in jedem Herzen.
Das Heute ist ein sich offenbarendes Geheimnis,
das von ewiger Bewegung zeugt,
deren Ziel, über den Sternen,
sich jeder Begrenzung
und jeder Beliebigkeit entzieht.

Schwester Thomas Halpin, FSP
8. Juni 1994

Inhaltsverzeichnis